Jesus für Manager

Paul J. Kohtes:
Jesus für Manager
info@j-kamphausen.de
Lektorat: Dr. Nadja Rosmann

Korrektorat: Hendrik Bönisch
Umschlaggestaltung:
Wolfgang Schneider, LABOR3
Typografie/Satz: KleiDesign
Druck & Verarbeitung:
Westermann Druck Zwickau

www.inspire-news.de

1. Auflage 2008
Die Deutsche Bibliothek – CIP-Einheitsaufnahme

Ein Titelsatz für diese Publikation
ist bei der Deutschen Bibliothek erhältlich.

ISBN 978-3-89901-142-5

Dieses Buch wurde auf 100% Altpapier gedruckt und ist alterungsbeständig.
Weitere Informationen hierzu finden Sie unter www.weltinnenraum.de.

Paul J. Kohtes

Jesus für Manager

Frei sein im Job und im Leben

Stimmen zum Buch 11

Zur Einstimmung 13

DIE HOCHZEIT ZU KANA 20

1 **Verwandeln Sie Wasser in Wein!**
Und entdecken Sie, wie Außergewöhnliches geschieht, wenn Sie es zulassen 21

Wunder kann man nicht „machen" 22
Das unendliche Potenzial des Ganzen 23
Wandlung beginnt im Bewusstsein 24
Mühelos Niederlagen einstecken oder sogar siegen 26
► **30-Sekunden-Übung: Das Augen-Wunder** 28

JESU VERHÖR VOR PILATUS 30

2 **Sie dürfen Ihre Hände in Unschuld waschen**
Von äußeren Zwängen und wie Sie der Entweder-oder-Falle entgehen 31

Hinter allen Mustern und Modellen die wahre Natur entdecken 32
Die eigene Verantwortung erkennen 34
Dem vordergründigen Dilemma die Macht nehmen 35
Der Ausweg aus dem Wenn-dann-Irrgarten 36
Die Erkenntnis braucht ihre Zeit 38
► **30-Sekunden-Übung: Die Adler-Perspektive** 40

DIE EMMAUSJÜNGER 43

3 **Ist die Auferstehung nur ein Rollenspiel?**
Entdecken Sie sich selbst 45

Sein oder Nichtsein – alles nur ein Spiel? 47
Wie der Musterschüler das Leben verpasst 48
Vertrautheit, Intimität und der Flow der Freude 49
Die richtige Rolle zur rechten Zeit spielen 50
► **30-Sekunden-Übung: Blöd gucken** 51

Der zwölfjährige Jesu im Tempel 52

4 **Die Faszination der Beseeltheit**
Echte Begeisterung ist gut fürs Business 53
Den Blick für das Besondere schärfen 54
Das Leben in seiner Tiefe leben 55
Wie zu viel des Guten zu Leiden führt 57
Aus Einsicht und Entfaltung entwächst wahrer Spirit 59
► **30-Sekunden-Übung: Das Weltraum-Teleskop** 62

Jesu Salbung durch die Sünderin 65

5 **Die Liebe und das Geschäft**
Warum Sie viel geben und dabei trotzdem gewinnen können 67
Den existenziellen Mehrwert erkennen 68
Entrümpeln Sie Ihre innere Festplatte 70
Mit einem „Reset" zurück zum unbekümmerten Geist 71
Erfolgreich verkaufen: Wer viel gibt, bekommt auch viel 72
► **30-Sekunden-Übung: Den Herz-Punkt berühren** 74

Die Berufung des Levi und das Mahl mit den Zöllnern 76

Von den ungleichen Söhnen 76

6 **Gerechtigkeit beginnt im Hier und Jetzt**
Warum Querdenker für Unternehmen so wichtig sind 77
Ungerechtigkeit ist nur eine Frage der Perspektive 78
Der Ausgleich ist immer zum Greifen nahe 79
Licht und Schatten – Die Kunst des inneren Bilanzausgleichs 80
Querdenken oder einfach „das Richtige" tun 82
► **30-Sekunden-Übung: Die Augen baden** 84

Die Tempelreinigung 86

7 **Was hat der bloß gegen Händler?**
Die Kraft der Ausgeglichenheit fürs Business nutzen 87

Und die Sehnsucht wird doch nie erfüllt 88

Wie Stille Unternehmen fit macht 90

Yin und Yang oder die Stärke des Sowohl-als-auch 91

Mit Entschiedenheit auch abwarten können 92

► **30-Sekunden-Übung: Tagträumen** 94

Der Rangstreit der Jünger 96

Vom verlorenen Schaf 96

8 **Machen Sie sich überflüssig!**
Ihr wichtigstes Asset: das Innere Kind 97

Auf das Besondere kommt es an 99

Die ungestillte Sehnsucht fordert Erfüllung 100

Die Unentbehrlichkeitsfalle erkennen 102

Finden Sie das kleine weiße Schaf 103

► **30-Sekunden-Übung:
Verstecken spielen mit sich selbst** 105

Vom falschen und rechten Sorgen 106

9 **Sie säen nicht und ernten trotzdem**
Genießen Sie Ihr dolce far niente 107

Was würden Sie tun, wenn Sie keine Angst hätten? 108

Radikale Selbstwahrnehmung schafft Raum für Wandel 110

Nach dem geistigen Muskelkater kommt die Freiheit 112

► **30-Sekunden-Übung: Die Füße massieren** 116

Von den anvertrauten Zentnern 119

10 **Hören Sie auf zu sparen,
oder Sie kommen in die Hölle**
Von der Kunst des Gebens und Bekommens 121

Vermögen und das Spiel des Lebens 123

Die Magie des Schenkens 125

... und der Druck verschwindet wie von selbst 127

► **30-Sekunden-Übung: Etwas Verbotenes tun** 130

VOM VERLORENEN SOHN 133

11 **Sind Sie auch ein verlorener Sohn oder eine verlorene Tochter?**
Na, dann können Sie sich freuen 135

Von der unzuverlässigen Verlässlichkeit 136

Schicksal oder Chance? 138

Sicherheit erwächst im Inneren 139

Das Geheimnis: Dankbarkeit 140

► **30-Sekunden-Übung: Aus dem Bauch** 142

JESUS IN GETHSEMANE 144

12 **Wenn es ernst wird ...**
... meditieren Sie 145

Machen, damit sich etwas bewegt 146

Ungewohnt: Dinge sich ergeben lassen 148

Können Sie das Leben zulassen? 149

Die Natürlichkeit der Hingabe und des Wohlwollens 150

► **30-Sekunden-Übung: Einatmen – Ausatmen** 153

Am Ende 155

Literatur 158

Über den Autor 159

Zen-Kurse mit Paul J. Kohtes 159

Bücher und CDs von Paul J. Kohtes 160

Du sollst ihn lieben, wie er ist, ein Nicht-Gott,

ein Nicht-Geist, eine Nicht-Person, ein Nicht-Bild,

mehr noch: wie er ein lauteres, reines, klares Eines ist,

abgesondert von aller Zweiheit.

Und in diesem Einen sollen wir ewig versinken

vom Etwas zum Nichts.

Meister Eckhart (1260–1321)

Stimmen zum Buch

„

Paul J. Kohtes gelingt im besten Sinne etwas Wunderbares: In jedem seiner Kapitel macht er die DNA, die Essenz der frohen Botschaft sichtbar: Die Freiheit, die von innen kommt. Augenzwinkernd und unterhaltsam zeigt er dem verkniffenen Manager, wie er den Blick für das Besondere schärfen, wie er Tiefe erleben kann und warum Begeisterung und Pragmatismus zugleich notwendig sind, um etwas Großes zu schaffen. *Jesus für Manager* ist nicht zuletzt eine unterhaltsame Tour d'Horizon durch die persönliche Life Leadership.

Klaus Thiemann, CEO Kabel BW

Ein wunderbares Buch. Keine typische Manager-Bibel, sondern ein märchenhafter Leitfaden, der zum Querdenken anregt. Noch nie war mir Jesus so (praxis)nah!

Frank Behrendt, CEO Pleon Germany

Die unvoreingenommenen Interpretationen der zwölf Jesus-Geschichten von Paul J. Kohtes zeigen neue Wege für komplexe Alltagssituationen auf. Durch seine intuitiv unbekümmerten Ausführungen und die 30-Sekunden-Übungen hilft der Autor Ihnen, aus gewohnten Denkmustern auszusteigen, und eröffnet neue Dimensionen des Erlebens und Erfahrens. Lassen Sie sich von diesem Buch einladen, nicht nur die Jesus-Geschichten, sondern auch Ihre alltäglichen Managementprobleme als wertvolle Wegweiser zu Ihrer eigenen schöpferischen Kraft zu nutzen. So wird dieses Buch zu einem wertvollen Begleiter für Sie als Mensch und Manager.

Prof. Dr. Götz Mundle,
ärztl. Geschäftsführer der Oberbergkliniken

Ja sagen zur Welt des Business, Ja sagen zur geistigen Verankerung im Christentum und Ja sagen zur mystischen Tradition, die in allem, was ist, die Einheit wahrnimmt. – Paul Kohtes wagt mit seinem Buch die Quadratur des Kreises. Was dabei herauskommt, ist die für ihn typische Mischung aus Unbekümmertheit („Werdet wie die Kinder und das Himmelsreich ist Euer!"), gut geerdeter Businessorientierung und dem Tiefsinn eines spirituell Suchenden, der für sich die Mystik im Zen und im Christentum entdeckt hat. Das Buch besticht durch seine Originalität und Authentizität und durch die Alltagstauglichkeit, die sich auch in anregenden 30-Sekunden-Übungen für gestresste Manager niederschlägt. Ein gelungener Wurf!

Prof. Dr. Barbara Mettler-von Meibom, Communio Kommunikations- und Kooperationsberatung

Paul Kohtes hat das Gleichnis verstanden: Folgerichtig wuchert er mit seinen Talenten und verschenkt seine Einsichten und Erfahrungen.

Dr. Ulrich Freiesleben,
Gründer der Diamantmanufaktur Freiesleben

Paul J. Kohtes führt uns mit seinem Buch in das Innenleben eines Unternehmens. Er tut es in Begleitung von Jesus, einem Mann, der in das „Unternehmen Leben" seiner Zeit eingespannt war. Zwei Jahrtausende von ihm getrennt, können wir feststellen, dass wir uns als Menschen kaum geändert haben, und dass die Worte Jesu für uns noch genau so relevant sind, wie sie es für seine Zeit waren. Der Autor hat in dem vorliegenden Buch den Mut, Jesus in lebendiger und zeitgemäßer Form in ein Unternehmen einzuführen. Es würde so manchem Unternehmer guttun, sich von diesem Jesus „coachen" zu lassen. Das Buch ist für mich eine originelle und zeitgemäße Auseinandersetzung mit Jesus.

Willigis Jäger, Gründer Benediktushof und Stiftung „West-Östliche Weisheit"

"

Zur Einstimmung

Ich bin ihm vor etwa zwölf Jahren begegnet. Damals stand ich draußen vor der Stadtmauer von Jerusalem. Es war ein schöner, milder Tag. Die Wiesen waren grün, die Bäume trugen schon Früchte. Durch das Stadttor zog ein ganzer Tross von Menschen direkt an mir vorbei.

Inmitten der Menge sah ich Jesus, den man zu seiner Hinrichtung führte. Die ganze Prozession wirkte völlig alltäglich, so als ob die Beteiligten auf dem Weg zu einem geschäftlichen Ereignis waren. Jesus ging in der Mitte, ohne Kreuz, nur seine Hände waren mit einem Strick gefesselt. Ich sah dem Treiben fasziniert zu, so wie man einem spannenden Film folgt – und doch war alles ganz real.

Jesus kam ganz dicht an mir vorbei. Das allein war schon ziemlich beeindruckend für mich. Doch dann blieb er vor mir stehen, um mich anzusehen, tief in die Augen. Und bis in den letzten Winkel meiner Existenz. Dieser Moment war absolut und vollkommen. Himmel und Erde kamen zwischen ihm und mir zusammen.

Es dauerte eine ganze Weile, bis ich aus diesem Erlebnis aufwachen konnte. Und seitdem hat mich dieser Traum nicht mehr losgelassen. In den folgenden Jahren habe ich mich immer wieder mit Jesus und seinen Geschichten beschäftigt: in Vorträgen, in Sesshins und natürlich im Alltag. Dank einer christlichen Erziehung sind mir viele der Erzählungen aus dem Neuen Testament bereits seit meiner Kindheit gut bekannt. Es waren für mich schon immer wundersame, erbauliche Geschichten, fromme Märchen eben, gewesen.

Erst durch diesen Traum und ein jahrelanges Zen-Training ist mir aufgegangen, dass viel mehr dahintersteckt. Wer also hier vor allem eine fromme Auslegung der Erzählungen aus dem Neuen Testament erwartet, der wird von diesem Buch enttäuscht sein. Denn nach meiner Überzeugung sind die Evangelien weder Wort für Wort zu interpretieren, noch historisch, noch theologisch. Im ersteren Fall ergibt sich ein übermäßiges Verhaftetsein an eine Sprach-, Bilder- und Gedankenwelt, die für die Zeit vor 2000 Jahren angemessen gewesen sein mag, die heute jedoch nur über solides historisches Fachwissen – oder über gewagte Annahmen – nachvollziehbar wird.

Allerdings, auch theologische Interpretationen werden uns nicht weiterhelfen. Denn diese setzen eine Denkschablone voraus, die selbst zum Maßstab der Verständlichkeit wird. Wenn wir heute, nach mindestens 2000 Jahren, die Ereignisse rund um Jerusalem zwischen den Jahren null bis ungefähr 35 theologisch deuten, dann ist dieses Unterfangen auch deswegen so komplex, weil unvermeidlicher Weise die Denkwelten aus der jüdischen, der hellenistischen und der römischen Traditionen sowie unser heutiges Bewusstsein einfließen werden. Schlimmer noch: Ein solches Herangehen führt zu einer überwiegend intellektuellen Auseinandersetzung mit Weisheitsgeschichten, die letztlich nicht intellektuell erklären wollen, sondern auf persönliche Erfahrung aus sind.

Was meine ich damit? Die Texte der Evangelien sind – insbesondere historisch betrachtet – tatsächlich eine einzige Katastrophe. Die Inhalte sind kaum belegbar, die Authentizität der Autoren ist gering, die Intentionalität der Texte ist offenkundig. Wenn wir also die Texte philologisch analysieren oder sie mithilfe von theologischen Systemen erklären wollen, dann wird das Ergebnis zwangsläufig immer ein Kompromiss sein, um es einmal vorsichtig auszudrücken. Zweifelsohne werde auch ich mich mit einem bestimmten Gedankenmodell, einem so genannten Paradigma, dem Thema annähern. Allerdings will ich den Versuch wagen, die Überlieferung so sprechen zu lassen, dass sich ihr Sinn und ihre Wirkung unmittelbar offenbaren.

Jesus war unzweifelhaft einer der großen Weisheitslehrer der Menschheitsgeschichte. Das Besondere an Weisheitslehrern ist, dass sie nicht für sich, für ihre eigene Geschichte auftreten. Sie sind in der Welt, um den Menschen zu helfen, sich aus ihren leidvollen Verstrickungen in der Dualität zu befreien. Deshalb ist ihr historischer Kontext zu ihrem Verständnis im Allgemeinen nicht sonderlich wichtig. Wenn wir ihre Biografie nutzen, um theologische Zusammenhänge herzustellen, dann verfestigen wir damit nur die Erstarrung in einer konventionellen, der dualen Welterfahrung. Aus diesem Grund ist es mir ein besonderes Anliegen, der Originalität der Lehren dieses so genannten Jesus von Nazareth nachzuspüren. Dazu ist es hilfreich, wenn nicht geradezu notwendig, sich von zu viel historischem oder theologischem Wissen frei zu machen. Der jüdische Theologe Pinchas Lapide sagt: *Man kann die Bibel wörtlich nehmen, oder man nimmt sie ernst.*

Eine intuitive Unbekümmertheit, ja sogar Naivität, ist – für manche sicher ziemlich provozierend – erforderlich, um herauszufinden, was dieser Jesus uns zu sagen hat. Er selbst weist uns sogar diesen Weg zu einem besseren Verständnis: „Wenn ihr nicht umkehrt und werdet wie die Kinder, so werdet ihr nicht ins Himmelreich kommen." Und genau diese Haltung ist es, die uns ihm näherbringt. Von zentraler Bedeutung scheint es mir deshalb zu sein, Jesus und seine Erlebnisse nicht zu entrücken. Das geschieht in dem Moment, wo wir ihn zu einem „Übermenschen" machen. Schon mit den Bezeichnungen „Sohn Gottes" oder „Erlöser" erfährt er eine Überhöhung, die ihn – meiner Meinung nach – auf unnötige Weise von uns „Normalmenschen" entfernt und trennt. Erst wenn wir herausfinden, dass alles, was Jesus sagt, denkt, erfährt und tut, auch für jeden Einzelnen von uns Gültigkeit haben muss, dann sind wir, so meine ich, auf der richtigen Spur.

Ein Weisheitslehrer kommt nicht in die Welt, damit wir über ihn staunen, ihn erhöhen oder gar anbeten. Er ist nur dazu da, uns auf etwas hinzuweisen, das wir bisher nicht von alleine gesehen haben oder nicht erfahren konnten, was jedoch für unsere persönliche Weiterentwicklung von besonderer Bedeutung ist. Deshalb ist die Identifikation mit Jesus, ja die intime Annäherung an ihn, in diesem Buch für die Erfahrung seiner Botschaft entscheidend. Das ist mir durch meinen Traum noch einmal deutlich geworden.

Vielleicht werden Sie sich fragen, nach welchem Prinzip die Auswahl der Gleichnisse und Geschichten für dieses Buch erfolgt ist. Die Antwort lautet: nach gar keinem. Beim Durchsuchen des Neuen Testaments habe ich die Geschichten ausgesucht, von denen ich glaube, dass sie für die Zielgruppe dieses Buches, nämlich vor allem für Menschen in Führungsverantwortung, eine besondere Relevanz haben könnten. Dabei ist mir aufgefallen, wie sehr Jesus im normalen Leben der Menschen verankert war. Das unterscheidet ihn übrigens sehr von Buddha. Der war ja bekanntlich Fürstensohn und dann – bis zu seiner „Erleuchtung" – vor allem in den Cliquen der Asketen und Wandermönche unterwegs. Jesus dagegen war „einer von uns". Er war vertraut mit all den alltäglichen kleinen und größeren Unstimmigkeiten des Lebens, gleich ob es um die elementaren Bedürfnisse wie Hunger und Durst ging, wie bei der Speisung der Fünftausend, oder gewöhnliche Unzulänglichkeiten wie die Heuchelei der Pharisäer und Schriftgelehrten, als er mit den Zöllnern aß, oder die existenziellen Fragen von Verrat, Leben und Tod – und danach.

Während – sehr vereinfacht gesagt – für Buddha die „Technik der Erleuchtung" einen hohen Stellenwert hatte, war für Jesus ganz offensichtlich die Erfahrung des „Numinosen", des Göttlichen im Alltag, von besonderer Wichtigkeit. In unserer Zeit haben wir das besondere Glück, beide Wege miteinander verbinden zu können. Für die Puristen beider Religionen dürfte diese Vorgehensweise ein Graus sein. Ich bin mir jedoch sicher, dass ihre Gründer diese Form der Auseinandersetzung sehr begrüßen würden. Denn gemeinsam ist ihnen, sich über jede Ausgrenzung und Fixierung hinwegzusetzen. Und ich glaube, dass wir auf diese

Weise leichter und präziser erkennen können, was die alten Geschichten wirklich für uns heute meinen – und wie sie uns helfen können, ein bereicherndes Leben zu führen.

Es ist wie bei der Landvermessung: Um die richtige Entfernung zwischen uns und einem Punkt zu ermitteln, brauchen wir *zwei* Bezugspunkte. Erst durch dieses Dreieck ergibt sich die korrekte Distanz. Um in diesem Bild zu bleiben: Wenn wir die Entfernung zwischen Jesus und uns heute erkunden wollen, nutzen wir Buddha dazu gleichsam als Bezugspunkt. Buddha meint in meinem Sinne insbesondere die Zen-Erfahrung. Als Leser, zum Beispiel ohne Zen-Erfahrung, dürfte Ihnen das letztlich egal sein. Hauptsache es nutzt. Dazu müssen Sie auch nicht eine Führungskraft im herkömmlichen Sinne sein. Allerdings werden Sie nur auf dieses Buch gestoßen sein, wenn Sie ohnehin dabei sind, „Ihr Leben zu managen".

Noch einige Hinweise zur Lektüre: Sie können die zwölf Kapitel hintereinander oder in beliebiger Reihenfolge lesen. Die Essenz dieses Buches ist nämlich – wenn auch in unterschiedlicher bildhafter und sprachlicher Form – in jedem einzelnen Kapitel zu finden. Etwa so, wie in jedem menschlichen Gen auch der ganze Mensch erkannt werden kann. Allerdings werden Sie vom Lesen alleine – selbst wenn es Ihnen, was ich natürlich sehr hoffe, Freude macht – niemals erleuchtet, sprich die Widersprüchlichkeiten der Welt durchschauen. Das braucht viel Training und ist ein lebenslanger Prozess, weil die Beharrungskräfte des Egos enorm sind und uns immer wieder in die Verwicklung der Dualität zurückzerren. Das ist auch der Grund, warum letztlich die Wirksamkeit aller großen Weisheitslehrer in dieser Welt bisher so gering war. Unser Ego ist auf rasche Effekte und nicht auf Wandlung programmiert. Schon gar nicht will es sich selbst überflüssig machen. Deshalb ist es so wichtig – allen vermeintlichen Rückschlägen zum Trotz – „dranzubleiben". Die zwölf Kapitel dieses Buches, die in verschiedenen Variationen eigentlich immer das Gleiche mitzuteilen versuchen, sind eine Möglichkeit dazu. Es geht um die Veränderung unserer Perspektive, mit der wir die Welt wahrnehmen. Es geht um die Ent-Spannung, die Ent-Fixierung unserer Wahrnehmung, weil wir nur auf diese Weise die Chance haben, das Ungeteilte, das Ganze, das Göttliche in allem und jedem erkennen können.

Weil ich aus eigener Erfahrung weiß, wie schnell uns der Alltag, und damit unsere Ego-Verwicklung, immer wieder in den Bann zieht, gibt es zu jedem Kapitel Übungen. Diese haben ebenfalls nur eines im Sinn: Sie sollen die rauschartige Verwicklung unseres geschäftigen Treibens für einen Augenblick unterbrechen. Ihr Ziel ist es, zurückzuführen in einen distanzierten Bewusstseinzustand, in dem wir den Film identifizieren können, in dem wir gerade als Darsteller agieren. Im allgemeinen Sprachgebrauch nennen wir diesen Film übrigens Realität oder Wirklichkeit.

Damit dieses Umschalten möglichst einfach gelingt und immer häufiger möglich wird, sind die „30-Sekunden-Übungen“ alle „managementtauglich“. Sie können sie aufgrund ihrer Kürze nämlich ganz einfach in Ihren normalen Berufsalltag aufnehmen. Aus den Tests, die ich damit bei Führungskräften bereits durchführen konnte, weiß ich, dass selbst diese 30 Sekunden eine ziemliche Hürde darstellen können. Führungskräfte sind offensichtlich bestens darin trainiert, nicht eine einzige Sekunde Zeit zu haben. Deshalb finden sie sofort Erklärungen oder Ausreden, warum es gerade jetzt nicht passt oder völlig unmöglich ist, ein solches Programm in den Alltag zu integrieren. Das ist sehr schade, weil sie sich auf diese Weise einer einfachen Chance berauben, ihr Leben in ein harmonisches Fließen zu bringen. Aber: Vielleicht wollen das ja viele Manager gar nicht?

Wenn Sie in einem fremden Land in einem Restaurant ein exotisches Gericht serviert bekommen, regt sich in Ihnen vielleicht auch Widerstand, dieses einfach zu probieren. Ich nehme an, Sie gehören zu den Menschen, die es dennoch wagen. Denn wer weiß, ob Sie nicht sonst eine Köstlichkeit verpassen? Dafür werden Sie bereit sein, das Risiko, dass es Ihnen nicht schmeckt, in Kauf zu nehmen. So ist das auch mit den Übungen. Einige werden Ihnen vielleicht zunächst tatsächlich nicht schmecken. Andere werden Sie sogar ablehnen. Die meisten jedoch, das ist meine Testerfahrung, werden Sie als existenzielle Köstlichkeiten schätzen lernen. Gerne höre ich von Ihren persönlichen Erfahrungen.

Die Hochzeit zu Kana

Und am dritten Tage war eine Hochzeit in Kana in Galiläa, und die Mutter Jesu war da. Jesus aber und seine Jünger waren auch zur Hochzeit geladen. Und als der Wein ausging, spricht die Mutter Jesu zu ihm: Sie haben keinen Wein mehr. Jesus spricht zu ihr: Was geht's dich an, Frau, was ich tue? Meine Stunde ist noch nicht gekommen. Seine Mutter spricht zu den Dienern: Was er euch sagt, das tut. Es standen aber dort sechs steinerne Wasserkrüge für die Reinigung nach jüdischer Sitte, und in jeden gingen zwei oder drei Maße. Jesus spricht zu ihnen: Füllt die Wasserkrüge mit Wasser! Und sie füllten sie bis obenan. Und er spricht zu ihnen: Schöpft nun und bringt's dem Speisemeister! Und sie brachten's ihm. Als aber der Speisemeister den Wein kostete, der Wasser gewesen war, und nicht wusste, woher er kam – die Diener aber wussten's, die das Wasser geschöpft hatten –, ruft der Speisemeister den Bräutigam und spricht zu ihm: Jedermann gibt zuerst den guten Wein und, wenn sie betrunken werden, den geringeren; du aber hast den guten Wein bis jetzt zurückbehalten. Das ist das erste Zeichen, das Jesus tat, geschehen in Kana in Galiläa, und er offenbarte seine Herrlichkeit.
Und seine Jünger glaubten an ihn.

(Johannes 2,1-11)

1

Verwandeln Sie Wasser in Wein!

Und entdecken Sie, wie Außergewöhnliches geschieht, wenn Sie es zulassen

Stellen Sie sich vor: Ein großes Softwarehaus veranstaltet eine Roadshow für seine Kunden und Sie sind mit der ganzen Familie eingeladen. Das Fest nimmt einen fröhlichen Verlauf. Doch plötzlich kommt Ihre Mutter, die mit dabei ist, auf Sie zu und sagt: „Du, die haben nichts mehr zu trinken, kannst du da nicht was machen?" Sie weisen das brüsk von sich. „Was habe ich damit zu tun? Außerdem habe ich jetzt keine Lust dazu. Schließlich ist das doch deren Problem." Doch einen Augenblick später besinnen Sie sich eines Besseren. Ihnen kommt eine Idee, wo man jetzt noch etwas zu trinken herbekommt, und Sie beschließen, doch zu helfen. Als der neue Wein eintrifft, ist das Fest auf dem Höhepunkt und die meisten Besucher sind schon ziemlich beschwipst. Doch das Staunen ist groß, als die Gläser wieder gefüllt werden, denn der neue Wein schmeckt noch besser als der vorherige. Und Ihre Mutter ist sehr, sehr stolz auf Sie. „Wie haben Sie das denn bloß geschafft? Es ist ja wie ein Wunder!", rufen Ihnen die Gäste zu. Damit nahm Ihr Ruf, dass Sie zu Außergewöhnlichem fähig sind, seinen Anfang.

Wunder kann man nicht „machen"

Fast haben wir es verlernt, mit Märchenhaftem umzugehen. Dabei ist die Welt immer noch voller Märchen und Wunder. Das Besondere an Wundern ist jedoch, dass man sie nicht „machen" kann. Vielleicht sind sie deshalb im Geschäftsleben auch so unbeliebt. Es bleibt dann nur noch der Satz „Sie werden sich noch wundern", der ja eher eine Drohung darstellt als die Ankündigung von etwas Schönem. Es ist doch so: Erst wenn die Verzweiflung groß ist, werden wir wieder offen für Wunder. Doch das hilft uns dann wenig, weil wir nicht wissen, wie man ein solches bewirkt. Faktum ist jedoch, dass immer wieder kleine und große Wunder an jedem Tag geschehen. Zum Beispiel, wenn nach dem Absturz Ihres PCs die wirklich wichtige Datei doch noch gerettet werden kann. Oder wenn Sie auf dem Nachhauseweg gerade noch rechtzeitig merken, dass der vor Ihnen Fahrende urplötzlich ohne zu blinken abbiegt und Sie geistesgegenwärtig einen Unfall vermeiden. Oder betrachten Sie die noch größeren Wunder, die geschehen, wenn jeden Morgen die Sonne aufgeht oder im Frühling die Schneeglöckchen aus dem Boden sprießen.

Die Geschichte von Jesus' angeblich erstem Wunder ist – nüchtern betrachtet – fast skurril. Da geht auf einem Hochzeitsfest der Wein aus und einer der Gäste soll gefälligst neuen zaubern. Das tut er dann auch, obwohl die Anwesenden ohnehin schon ziemlich betrunken sind. Was mag das wohl mit Weisheit und Spiritualität zu tun haben? Und wo steckt in der Parallelgeschichte von der Firmen-Party das Wunder? Beide Fragen werden uns aus einer konventionellen Sicht der Dinge in erhebliche Erklärungsnot bringen. Deshalb kann es hilfreich sein, sich einmal auf das Grundsätzliche in diesen Begebenheiten zu konzentrieren.

Wenn es bei der Hochzeit in Kana nur darum ginge zu zeigen, was Jesus für ein toller Mann ist, dann wäre die Geschichte es kaum wert, weitererzählt zu werden. Es wird also darum gehen, dass wir *alle* in der Lage sind, Wunder zu bewirken. Hier wird schon der Aufschrei der Skeptiker zu hören sein. Wenn jeder Wunder wirken könnte, das ginge doch nicht gut und überhaupt – wo kämen wir denn dahin? Meister Eckhart sagt jedoch: „Mit dem Willen kannst du alles bewirken, was es auch sei – wenn es nur ein rechter Wille ist." Was ist denn nun ein *rechter* Wille? Der entsteht dann, wenn wir etwas einfach „nur so" wollen, also ohne Ichbezug. Das klingt paradox, denn wie soll man etwas wollen, wenn nicht das Ich mit im Spiel ist? Als Jesus sagte, „meine Stunde ist noch nicht gekommen", da wird es ihm wohl darum gegangen sein, in einen Ichlosen Modus zu kommen. Im normalen Alltag steht das Ich im Mittelpunkt unseres gesamten Denkens und Handelns. Das ist notwendig und auch gut so, denn mit dem Ich navigieren wir uns schließlich durch unser ganzes Leben. Die Folge davon ist jedoch, dass wir ständig von der Einheit, vom Ganzen getrennt sind.

Das unendliche Potenzial des Ganzen

Das Ganze ist, wie der Name sagt, nicht zerteilt in beispielsweise Ich und Nicht-Ich oder in Du und Wir, in Objekt und Subjekt. Die Entwicklung der Quantenphysik lässt ahnen, was damit gemeint ist. Sie zeigt nämlich, dass Zeit und Raum, die gesamte Realität, immer nur ein Auszug aus dem unendlichen Potenzial des Ganzen sind. Das heißt, alles was wir uns nur vorstellen, also auch wünschen können, ist in irgendeiner Form bereits als Potenzial vorhanden. Es wird lediglich zurzeit nicht von unserer Realität abgerufen. Wie sollte es uns nun möglich sein, in diese Unendlichkeit des Ganzen praktisch und gestaltend einzugreifen? Das geht verständlicherweise nicht von außen, denn das Ganze umfasst natürlich auch das Außen. Es geht also nur von innen.

Wer ein Wunder bewirken will, muss also im Ganzen, in der Einheit sein. Weil dieser Zustand selten genug ist für die meisten Menschen, hat sich die Überzeugung durchgesetzt, niemand könne Wunder bewirken. Der Chef, der von Ihnen verlangt, ein

Projekt in einer unmöglichen Zeit zu realisieren, wird auch kein Wunder von Ihnen erwarten. Er möchte nur bewirken, dass Sie sich Mühe geben, und er setzt Sie deshalb unter Druck. Nun wissen Sie aus Erfahrung, dass Sie, wenn Sie unter solch einem negativen Druck stehen, im Allgemeinen eher schlechtere Leistungen erbringen, als wenn Sie hoch motiviert und mit Freude an der Arbeit sind. Deshalb meine dringende Empfehlung: Geben Sie sich niemals Mühe! Denn Mühe ist mühsam und allein aus diesem Grund nicht besonders motivierend.

Um wirklich positiv motiviert zu sein, brauchen wir eine bestimmte Form der Entspanntheit, bei der wir zwar unser Ziel erreichen wollen, es aber nicht müssen. Wenn Sie unbedingt beweisen wollen, dass Sie Wasser in Wein verwandeln können, dann wird nichts daraus. Es reicht jedoch zu wissen, dass Sie es können. Stellen Sie sich vor, es wäre Ihnen möglich, sich alle Wünsche – wirklich alle! – zu erfüllen. In vielen Märchen wird diese Idee ja aufgegriffen. Wenn Sie also die Lampe haben, an der Sie nur zu reiben brauchen, damit der Geist Ihnen alle Wünsche erfüllt, dann würden Sie das natürlich zunächst weidlich ausnutzen. Haus, Reisen, Begegnungen, Liebe, Gesundheit, was Sie sich auch wünschen mögen – es würde Realität. Was ist aber, wenn Sie sich irgendwann alles gewünscht haben? Vermutlich wird Sie dann eine ziemliche Langeweile, ja sogar eine grauenhafte Leere überfallen. In den Märchen lernen wir denn auch, dass viele erfüllte Wünsche nicht immer zu unserem Besten sind. Aus gutem Grund heißt es schließlich, „wunschlos glücklich" zu sein. „Hans im Glück" macht uns beispielsweise vor, wie man durch das Wunschlossein letztlich das Beste bekommt.

Wandlung beginnt im Bewusstsein

Wenn Sie nun glauben, ich wollte mich aus dem Dilemma dieser Geschichte herausstehlen mit der Empfehlung, einfach auf das Wünschen zu verzichten, und damit das Wundervollbringen wegerklären, dann warten Sie's ab. In der Theologie wird gelegentlich auf ziemlich abenteuerliche Weise versucht, die Wunder, die aus dem Leben Jesu berichtet werden, mit den Naturgesetzen in Einklang zu bringen. Das lassen sie sich jedoch nicht. Auch bei Jesus fällt ein Stein, den er fallen lässt, nicht in den Himmel, sondern zu Boden. Zum Glück ist das so, sonst wäre das Durcheinander in der Welt noch viel größer. Wenn also wenigstens die Naturgesetze verlässliche Konstanten sind, dann müssen wir die Variablen – und insbesondere Wunder zählen dazu – woanders suchen. Wir werden sie nur bei uns selbst finden, in unserem Inneren, in unserem Bewusstsein. Tatsächlich ist es so, dass unsere Haltung, unsere innere Einstellung entscheidend dafür ist, was wir wahrnehmen und *wie* wir es wahrnehmen. Deshalb haben wir nur hier, in unserem Geist, die Chance, Wunder wahrzunehmen und letztlich auch zu vollbringen.

Wenn wir also die wundersame Geschichte des Verwandelns von Wasser in Wein auf diese Weise betrachten, dann können wir entdecken, dass es hier vor allem um einen Wandlungsprozess geht, nicht um eine Wunder-Show. Modern ausgedrückt könnte man sagen, es geht um ein „Upgrading" unseres Bewusstseins. Wein ist ja im Vergleich zu Wasser eindeutig ein höherwertiges Produkt. Die Wandlung erfolgt also vom Einfachen zum Anspruchsvollen, oder anders ausgedrückt, vom Materiellen zum Geistigen. Damit wird deutlich, dass es in dieser Geschichte gerade nicht um eine übernatürliche Vorführung geht. Warum hat Jesus dann wohl nicht spontan gehandelt? Er musste sich erst bitten lassen und war sogar voller Abwehr. Wie schon gesagt, setzt dieser Wandlungsprozess einen inneren Modus voraus, der nicht auf „machen" und „haben wollen" aus ist, sondern auf „zulassen". Wenn Sie auf Ihrem PC ein neues Programm öffnen, dann dauert das auch eine Weile.

Noch etwas anderes kommt hinzu. Es ist kein Zufall, dass in der Geschichte Jesus ausgerechnet von der Mutter gebeten wird, das Wunder zu vollbringen. Warum nicht vom Gastgeber? Oder von einem anderen Gast? Oder vom Kellermeister? Die Mutter muss also auch für ein Prinzip stehen, das für jeden von uns

Bedeutung hat. Sie steht für nähren, versorgen, geben. Und der Schlüssel für den Modus, in dem Wunder geschehen, ist in genau diesen Eigenschaften zu finden, die die Mutter symbolisiert. Damit schließt sich der Kreis. Wenn nämlich Ichlosigkeit mit der mütterlichen Liebe kombiniert wird, dann können tatsächlich die schönsten Wunder geschehen.

Mühelos Niederlagen einstecken oder sogar siegen

Nun kommt aber der Praxistest. Was ist denn, wenn die Anforderungen des Chefs nur durch ein Wunder zu erfüllen sind? Auch hier gilt zunächst: Versuchen Sie nicht, die Naturgesetze zu überlisten. Dazu gehört auch, dass Sie, wenn sie angespannt oder müde sind, keine besonders guten Leistungen erbringen können. Also versuchen Sie es erst gar nicht. Wenn wir erkennen, dass eine uns gestellte Aufgabe nicht angemessen zu erfüllen ist, dann haben wir im Allgemeinen ein bestimmtes Repertoire an möglichen Reaktionen zur Verfügung. Die wahrscheinlichste ist Ärger oder Wut. Oder Sie blocken ab und flüchten in Gleichgültigkeit oder Resignation. Eine weitere, schon angedeutete Alternative: Sie versuchen es dennoch mit krampfhaftem Bemühen. Dabei wissen Sie längst, dass nichts davon wirklich hilfreich ist.

Wenn Sie es jedoch einmal schaffen könnten, die unlösbare Aufgabe in Ichloser Liebe anzunehmen, dann erhöhen sie die Wahrscheinlichkeit, dass wirklich ein Wunder geschieht. Es könnte sein, dass plötzlich ein Kollege auftaucht, der Ihnen hilft. Oder der Chef hat es sich anders überlegt und die ganze Luft ist raus aus dem Problem. Oder Ihr Vorgesetzter sagt in unerwarteter Freundlichkeit zu Ihnen am nächsten Tag: „Es hätte mich schon sehr gewundert (!), wenn Sie das geschafft hätten. Niemand von uns kann zaubern." – Und er klopft Ihnen dabei jovial lächelnd auf die Schulter.

Es kann natürlich auch sein, dass nichts von all dem passiert. Sie stehen am nächsten Tag da, die Aufgabe ist nicht wirklich gelöst und der Chef stinksauer. Wenn Sie dann das Wunder vollbringen, dies alles liebevoll auszuhalten, ohne Angst, ohne Wut, dann haben Sie erfahren, was auf der Hochzeit zu Kana wirklich passiert ist.

Eine wirklich gute Idee erkennt man daran, dass ihre Verwirklichung von vornherein ausgeschlossen scheint.

Albert Einstein

30-Sekunden-Übung: Das Augen-Wunder

Wenn es ihnen angenehmer ist, können Sie die Übung auch mit geschlossenen Augen durchführen, ansonsten halten Sie die Augen offen. Jetzt rollen Sie mit beiden Augäpfeln nach links, soweit es Ihnen ohne Anstrengung möglich ist. Dann zur anderen Seite, nach rechts. Beginnen Sie nun, mit den Augen im Wechsel nach links und rechts zu schwingen, zehn Mal zu jeder Seite. Ergänzen Sie die Übung durch das Augenrollen in der Vertikalen, also nach oben und nach unten, ebenfalls zehn Mal. Zum Abschluss pressen Sie die Augenlider für zwei Sekunden fest zusammen. Dann lassen Sie los und bleiben für einige Sekunden in der Beobachterrolle, damit Sie die Wirkung der Übung wahrnehmen können.

Auf diese Weise simulieren wir die so genannte REM-Phase, die wir aus der Traumforschung kennen. Während der Nacht unterstützt der Körper die Verarbeitung psychischer Prozesse im Traum durch eine schnelle Augenbewegung, in der Forschung Rapid Eye Movement (REM) genannt. Diese schnelle Augenbewegung ist auch tagsüber sehr wirksam, nicht nur als Entspannung für die Augen, sondern auch, um psychische Verspannungen aufzulösen. Wann immer wir feststellen, dass unser Blick – auch im übertragenen Sinne – nicht mehr weit genug ist, können wir mit dieser Übung eine neue Perspektive vorbereiten. Wenn Sie also händeringend einmal ein Wunder brauchen, probieren Sie diese Übung.

Jesu Verhör vor Pilatus

Da ging Pilatus wieder hinein ins Prätorium und rief Jesus und fragte ihn: Bist du der König der Juden? Jesus antwortete: Sagst du das von dir aus oder haben dir's andere über mich gesagt? Pilatus antwortete: Bin ich ein Jude? Dein Volk und die Hohenpriester haben dich mir überantwortet. Was hast du getan? Jesus antwortete: Mein Reich ist nicht von dieser Welt. Wäre mein Reich von dieser Welt, meine Diener würden darum kämpfen, dass ich den Juden nicht überantwortet würde; nun aber ist mein Reich nicht von dieser Welt. Da fragte ihn Pilatus: So bist du dennoch ein König? Jesus antwortete: Du sagst es, ich bin ein König. Ich bin dazu geboren und in die Welt gekommen, dass ich die Wahrheit bezeugen soll. Wer aus der Wahrheit ist, der hört meine Stimme. Spricht Pilatus zu ihm: Was ist Wahrheit? Und als er das gesagt hatte, ging er wieder hinaus zu den Juden und spricht zu ihnen: Ich finde keine Schuld an ihm. Es besteht aber die Gewohnheit bei euch, dass ich euch einen zum Passafest losgebe; wollt ihr nun, dass ich euch den König der Juden losgebe? Da schrien sie wiederum: Nicht diesen, sondern Barabbas! Barabbas aber war ein Räuber.

(Johannes 18,33-40)

2

Sie dürfen Ihre Hände in Unschuld waschen

Von äußeren Zwängen und wie Sie der Entweder-oder-Falle entgehen

Sie sind der Marketing-Chef in einem großen Unternehmen. Damit haben Sie nicht nur Verantwortung für ein Budget in Millionenhöhe, Sie stehen auch für wesentliche Teile des Umsatzes der Firma in der Pflicht. Nun ist in der letzten Zeit ein Produkt, das wichtigste der ganzen Palette, im Umsatz stark eingebrochen. Die Gründe dafür waren vielfältig: die Konkurrenz war einfach ein Stück besser, internationale Anbieter drängten auf den Markt. Für viel Geld haben Sie versucht, mit einer groß angelegten Werbekampagne gegenzusteuern. Es hat nichts genützt. Nun sind Sie zum Vorstandsvorsitzenden zitiert worden, um zu berichten, wie Sie die Sache noch einmal zum Guten wenden können. Das wird gar nicht so einfach sein, denn die gegenwärtige Misere liegt nicht an Ihrem Engagement, sondern vor allem am Produkt, das in die Jahre gekommen ist. Nur, das möchte keiner im Vorstand so recht zugeben. Der Vorsitzende hört sich in Ruhe Ihre Vorschläge an und fragt schließlich: „Und Sie sind sicher, dass das so funktioniert?“ Sie bleiben ruhig und entgegnen: „Was ist schon sicher?“

Bevor Sie sich vielleicht darüber entrüsten, wie man ein so bedeutendes Ereignis wie das Pilatus-Verhör mit einer trivialen Marketing-Story vergleichen kann, sollten wir versuchen, uns den Dingen mit etwas Abstand zu nähern. Denn es geht uns natürlich nicht darum, irgendeine Wahrheit herauszufinden. Vielmehr interessiert uns wieder ausschließlich die Relevanz der Begebenheit für unser heutiges Leben.

Beide Geschichten – die biblische und die aus dem Business – haben hier zunächst ein „Open End". Vom Jesus-Verhör wissen wir jedoch, dass es tragisch endet. Wie es mit dem Marketing-Chef weitergeht, können wir uns schon einmal, je nach Stimmung, vorstellen: Happy End oder Rauswurf. Am besten kommen wir auf diese Frage später noch einmal zurück, wenn wir vielleicht ein wenig schlauer geworden sind.

Hinter allen Mustern und Modellen die wahre Natur entdecken

Erst bei der Vorbereitung dieses Kapitels ist mir deutlich geworden, in welchen Dschungel ich mich mit dieser Begebenheit um Pontius Pilatus und Jesus begebe. Kunst, Literatur, nahezu alle Disziplinen der Wissenschaften bis hin zur Kriminalistik haben sich damit befasst. Und nun soll sie auch noch für ein besseres Verständnis unseres Alltags herhalten. Am besten wasche ich schon einmal vorsorglich meine Hände in Unschuld. Das ist allerdings leichter gesagt als getan. Denn genauso schwer wie die Frage nach der Wahrheit zu beantworten ist, verhält es sich mit der nach der Unschuld. Pilatus war sich in beiden Dingen nicht sicher. Das macht ihn ausgesprochen sympathisch. Nur, wenn wir in der Lage sind, Dinge offenzuhalten, das heißt nicht zu fixieren, bekommen wir eine Chance, ihre „wahre Natur" zu entdecken. Im Zen heißt es dazu: *Die wahre Natur aller Dinge ist leer.* Erst wenn wir hinter alle Begrifflichkeiten, hinter alle unsere Annahmen, Modelle und Muster gelangen können, tut sich eine Wahrheit auf, die umfassend ist. Dann ist es nicht mehr nötig,

Wahrheit über die Unwahrheit, Schuld über die Unschuld zu definieren.

Pilatus muss es geahnt oder gewusst haben, wen er da vor sich hat. Seine Frau (sic) hatte ihn am Morgen noch einmal ausdrücklich darauf hingewiesen, als sie ihm von ihrem Traum berichtete, nach dem Jesus wohl jemand ganz Außergewöhnliches sei. Auch diese Einschätzung gilt wieder nicht nur exklusiv für Jesus. Alle Menschen tragen die Idee in sich, etwas ganz Besonderes zu sein. Und sie wissen auch, tief in ihrem Herzen, dass Wahrheit und Schuld letztlich nur Konstrukte zur Reglementierung des Zusammenlebens sind. Im Äußeren erleben wir jedoch, wie diese Begriffe zu bevorzugten Instrumenten in Hierarchien geworden sind, denen es letztlich nur um Machtausübung geht. Wozu sonst braucht es eine Hierarchie? Sie ist auch der Grund, warum manche Religionen „wissen“, was die Wahrheit ist. Wenn dagegen Jesus sagt, „mein Königreich ist nicht von dieser Welt“, dann zeigt er sich als ein „Wissender“, der die Mechanismen der weltlichen Königreiche durchschaut, und der das ultimative Königreich, in dem alles Eins ist, erfahren hat. „Ich und der Vater sind eins“, wird er an anderer Stelle (Johannes 10,30) im Neuen Testament zitiert.

Warum also, so muss man sich fragen, spricht Pilatus diesen Jesus dennoch schuldig? Über diese Frage ist unendlich viel spekuliert worden. Die einen sagen, Pilatus sei ein opportunistischer Pragmatiker, der aus politischen Gründen seine höheren Einsichten zurückgestellt habe. Andere sind davon überzeugt, er hätte gar nicht anders gekonnt, weil er die Weissagungen des Alten Testaments und den Willen Gottes zu erfüllen hätte. Und nicht wenige halten ihn für den Hauptverantwortlichen, den Schuldigen, der letztlich Gottes Sohn umgebracht habe. Tatsache ist aber auch, dass Pilatus in einigen kirchlichen Phasen als Heiliger verehrt wurde, denn letztlich nur durch ihn sei die Auferstehung Jesu und damit die Erlösung der Menschheit möglich geworden. Diese Betrachtungen leben leider alle nur von Spekulationen. Das gilt natürlich auch für die Frage, was Jesu Tod und seine Auferstehung alles für die Menschheit bewirkt haben sollen. Hierzu können Sie am besten gleich noch einmal das erste Kapitel über die Wunder lesen. Denn letztlich hat Pilatus nichts anderes getan, als das geltende Recht anzuwenden – das, was Jesus selbst verlangt hat: „Gebt dem Kaiser, was des Kaisers ist." Immerhin sind ihm die Widersprüchlichkeiten des geltenden Systems sehr bewusst gewesen.

Die eigene Verantwortung erkennen

Die sensible Auseinandersetzung mit der Frage nach Schuld und Unschuld ist tatsächlich zentral für jeden von uns. Denn mit allem, was wir tun, lösen wir etwas aus, für das wir immer irgendeine Art der Zuständigkeit erlangen – ob wir wollen oder nicht. Das war auch das Dilemma des Pilatus. Es entsteht infolge des Prinzips von Ursache und Wirkung. Allerdings: Erst durch unsere Bewertung der Wirkungen entstehen im Rahmen dieser Gesetzmäßigkeit die Kategorien von Schuld oder Unschuld. In diesem Sinne erzeugen wir tatsächlich mit allem, was wir tun, Schuld. Nur so können wir uns auch einen Reim auf den Begriff der Erbsünde machen, der übrigens erst von dem Apostel Paulus in dieser Form ins Spiel gebracht worden ist. Der Begriff Erbsünde meint also nichts anderes, als dass alles, was wir in dieser Welt anzetteln, sei es in Werken oder in Gedanken, die Ursache für irgendeine Wirkung darstellt. In unserer dualen Welt geht das eben nicht anders.

Aber wird nicht gesagt, Jesus habe uns von dieser Erbsünde befreit? Außer der Tatsache, dass Jesus als Weisheitslehrer aufgetreten ist, hat er natürlich unmittelbar überhaupt nichts für uns getan hat. Denn in unserer persönlichen Entwicklung kann niemand etwas für uns tun, außer wir selbst. Jesus und seine Geschichten können uns höchstens als Wegweiser, Trittsteine oder auch als Türen dienen. Das Gehen müssen wir schon selbst übernehmen. Wenn wir dabei jedoch die oben beschriebenen Zusammenhänge erkennen – vielleicht mithilfe dieser Jesus-

Meditationen –, dann werden wir allerdings in der Lage sein, mit den Fragen nach Schuld und Erbsünde deutlich entspannter umgehen zu können. Deshalb kann es interessant sein zu untersuchen, wie Pilatus seinen Konflikt gelöst hat.

Dem vordergründigen Dilemma die Macht nehmen

Wenn Pilatus sich, später in der Fortsetzung der Geschichte, die Hände in Unschuld wäscht, dann macht das in diesem Kontext wieder nur Sinn, wenn es von grundsätzlicher Bedeutung ist. Es ist offenkundig, dass es sich hier um einen symbolischen Akt handelt, mit dem deutlich gemacht werden soll, dass zwar ein Bewusstsein für das Dilemma vorhanden ist, aber keine Lösung. Nun steckt jeder von uns an jedem Tag und in jeder Stunde in irgendeinem Dilemma. Wenn wir einen Salat verspeisen, zerstören wir damit natürlich eine lebendige Pflanze – vom Verzehr von Fleisch sei deshalb hier schon gar nicht die Rede. Wenn wir Auto fahren oder spazieren gehen, töten wir unvermeidlicher Weise Leben in Form von Insekten, Kriechtieren oder manchmal sogar größere Lebewesen. Streng genommen machen wir uns permanent „schuldig".

Entgehen können wir diesem Dilemma nur, indem wir unser Bewusstsein schärfen, unsere Wahrnehmungsfähigkeit sensibilisieren. Vieles spricht dafür, dass Pilatus sich dieses Dilemmas sehr bewusst war. Denn politisch, und vermutlich auch juristisch, war die Sache ziemlich klar. Jesus war ein politischer Unruhestifter, mit dem man im Römischen Reich kurzen Prozess machte. Irgendetwas ließ Pilatus jedoch zögern, hier „business as usual" walten zu lassen. Und tatsächlich hat er einiges unternommen, die Situation zu deeskalieren. Er bot den Juden zunächst einen Deal an, Jesus statt des Mörders Barrabas freizulassen. Und dann schickte er Jesus sogar zur nächsten Instanz, zu Herodes. Nichts hat geholfen. Nur sein Dilemma wurde immer größer.

Ähnliche Situationen kennen wir alle: wenn wir einem Mitarbeiter betriebsbedingt kündigen oder einem Bewerber, der den Job dringend braucht, absagen müssen oder wir darüber zu entscheiden haben, ein Produkt mit einem hohen Risiko, wenn auch mit geringer Eintrittswahrscheinlichkeit, vom Markt zu nehmen. In unserem privaten Leben finden wir noch dramatischere Beispiele, wie bei den Fragen nach Sterbehilfe oder Abtreibung. Wie gehen wir, wie geht unser „Innerer Pilatus" damit um? Hier wird deutlich, dass die meisten Probleme dieses Kalibers nicht durch eine richtige oder falsche Entscheidung zu lösen sind. Das klingt vielleicht zunächst frustrierend oder wie eine Ausrede, um sich vor einer unangenehmen Entscheidung zu drücken.

So wie auch Pilatus sind wir immer wieder in Situationen, in denen wir sehr schwierige Entscheidungen treffen müssen. Auch unser Marketing-Chef aus der Eingangsgeschichte konnte sich unmöglich sicher sein, dass seine Vorschläge tatsächlich zum Erfolg führen würden. Diese Unsicherheit erzeugt Unbehagen. Das Unbehagen entsteht gerade, weil wir ahnen oder wissen, dass – gleich wie wir uns entscheiden – es irgendwie nicht in Ordnung zu sein scheint. Im Kern gibt es ja nur zwei Möglichkeiten: sich zu entscheiden oder eben nicht. Es ist, und das vergessen wir leicht, ja durchaus eine legitime Option, die Reife einer Entscheidung nicht erzwingen zu wollen. In vielen Fällen sind wir gut beraten, den Druck, in dem wir uns dann zu befinden meinen, so lange auszuhalten, bis die Sache klar ist. Wie jedoch kann ich wissen, ob diese Haltung nicht nur ein Zaudern, ein Verzögern ist? Und woher weiß ich, dass eine Entscheidung reif ist und ich sie ohne ein schlechtes Gefühl oder sogar tief greifende Verunsicherung fällen kann?

Der Ausweg aus dem Wenn-dann-Irrgarten

Das können wir jetzt einmal an unserem Marketing-Chef durchspielen. Sein Dilemma ist ja auch offenkundig, denn er muss etwas verantworten, für das er nur bedingt zuständig ist und sein kann. Und dennoch ist er, wie Pilatus, Teil des Spiels. Er hätte auch dem Vorstandsvorsitzenden gegenüber einfach mit den Achseln zucken können, weil er für die Produktentwicklung ja nun wirklich nicht zuständig sei. Dann hätte er jedoch das Dilemma nicht gelöst, und er müsste immerhin die Konsequenzen aushalten. Diese können wir uns leicht ausmalen. Sein Boss könnte wütend werden, weil er einen Schuldigen braucht. Er könnte ihn auch gegen den Leiter der Produktentwicklung ausspielen, um die Entscheidung selbst nicht treffen zu müssen. Derartige und beliebig viele weitere Szenarien, die Sie sich noch ausdenken können, so genannte „Wenn-dann-Überlegungen", führen allerdings nur zu einer immer größeren gedanklichen Komplexität. Die Lösung kann also nicht in den äußeren Strukturen, Formen und Variablen liegen, sondern nur in der inneren Verfassung unseres Marketing-Chefs – und damit in unserer eigenen.

Wann immer wir nicht in der Lage sind, auf unsere innere Stimme zu hören, sind wir in der Gefahr, uns im „Wenn-dann-Irrgarten" zu verlaufen. Die innere Stimme können wir jedoch nur hören, wenn wir mit uns selbst im Reinen sind. Solange wir uns abhängig machen von den äußeren Folgen unserer Entscheidungen, sind wir dies nicht. Wenn unser Marketing-Chef also einen guten Zugang zu seiner inneren Stimme hat, wird er es guten Mutes sowohl aushalten, eine Entscheidung zu treffen wie auch sie nicht zu treffen. Das Besondere an diesem Sowohl-als-auch ist es, dass beides richtig ist. Wann immer wir im Einklang mit uns selbst sind, ist es tatsächlich nicht möglich, eine falsche Entscheidung zu treffen. Und selbst sich nicht zu entscheiden, ist ja eine Entscheidung. Ich denke, die meisten von uns kennen dieses gute Gefühl. Das sind die Momente, in denen wir wissen, dass alles in Ordnung ist, ganz gleich, was daraus wird.

Die Erkenntnis braucht ihre Zeit

Wenn es sich bei dieser Form der Entscheidungsfindung nur um einen psychologischen Trick handelte, würde er sich bald als taktisches Manöver entlarven. Entscheidungen jedoch, die aus unserer inneren Mitte heraus fallen, sind immer ganzheitlich, und es stellt sich oft sehr viel später heraus, wie richtig sie waren. Eine Krebspatientin, berichtete mir von ihrem Entscheidungsdruck, ob sie noch eine Therapie versuchen sollte. Sie hat sich dagegen entschieden. Erst nach langer Zeit, in den letzten Stunden ihres Lebens, fand sie die Gewissheit, wie richtig das gewesen war.

Entscheidungen, die wir aus unserer Mitte – und körperlich gesehen ist das der Bauch! – fällen, brauchen keine quälende innere oder äußere Auseinandersetzung, weil sie einfach immer richtig sind. Sie sind jedoch nicht deshalb richtig, weil die Umwelt Ihnen spontan Applaus zollt, sondern ganz einfach deshalb, weil Sie sie so gefällt haben. Wenn das so ist, dann können wir mit Recht unsere Hände in Unschuld waschen, weil die Frage nach Schuld und Unschuld obsolet geworden ist.

Aus christlicher Sicht wird man die Entscheidung des Herrn Pontius Pilatus, Jesus zur Hinrichtung freizugeben, letztlich nur begrüßen können. Denn ohne diesen Spruch gäbe es keine Auferstehung, kein Christentum. Vielleicht ist das der Grund, warum der römische Statthalter in Judäa namentlich in das katholische Glaubensbekenntnis mit aufgenommen wurde? Jedenfalls ist die Gelassenheit, mit der Jesus das Ganze über sich ergehen ließ, für die Haltung des Mit-sich-im-Reinen-Seins vorbildlich. Selbst am Kreuze soll er ja noch seine Schergen von aller Schuld freigesprochen haben. Damit können wir dieses Kapitel abschließen. Denn mit mir im Reinen sein kann ich nur, wenn ich nichts und niemandem Schuld zuweise.

Im Vaterunser heißt es dazu: „... wie auch wir vergeben unseren Schuldigern.“ Leider sind wir in unserem Alltag – und in manchen Firmen ist das besonders ausgeprägt – mehr damit beschäftigt, Schuldige zu suchen als Lösungen. Das liegt daran, dass die Suche nach „richtig“ und „wahr“ nicht, wie wir es gerne hätten, ein kontrollierbarer intellektueller Vorgang ist, sondern ein intuitiver, kreativer Prozess – so wie die Kunst. Deshalb sage ich, dass gutes Management immer auch Kunst ist.

> ***In der Kunst haben wir es mit keinem bloßen angenehmen oder nützlichen Spielwerk, sondern … mit einer Entfaltung der Wahrheit zu tun.***
>
> **Georg Wilhelm Friedrich**

30-Sekunden-Übung: Die Adler-Perspektive

Setzen Sie sich an Ihren Schreibtisch oder nehmen Sie eine bequeme Position im Stehen ein. Schließen Sie die Augen. Nehmen Sie nun für einen Augenblick bewusst Ihre Umgebung wahr, die Geräusche, die Unruhe, die Gerüche. Und dann „fliegen" Sie mit Ihrem Bewusstsein hoch hinauf in den Himmel (ja, das ist tatsächlich möglich). „Blicken" Sie jetzt von oben mit Ihrem Bewusstsein auf Ihren Arbeitsplatz hinunter, so dass Sie Ihren Körper wie den einer anderen Person wahrnehmen. Vielleicht können Sie auch den Fokus Ihrer Wahrnehmung so weit vergrößern, dass Sie das ganze Gebäude, in dem Sie sich befinden, aus der Adler-Perspektive wahrnehmen. Dann kehren Sie zurück zu Ihrem Körper, zu sich selbst. Lassen Sie die Übung unbedingt noch einige Sekunden mit der Wahrnehmung Ihres Körpers und Ihres Atems ausklingen. Dann öffnen Sie die Augen und kommen wieder auf dem Boden an.

Vermutlich werden Sie die mit der Übung verbundene Entspannung schon gleich beim ersten Mal spüren können. Aber noch ein weiterer, meiner Meinung nach wichtigerer Effekt ist mit der Adler-Perspektive verbunden. Wir lernen dabei, die Dinge in einem größeren Zusammenhang zu sehen, und können so die Relativität unserer alltäglichen Wahrnehmung entdecken. Die Phrase „mit Abstand betrachtet" ist aus gutem Grund in den Sprachgebrauch eingegangen, weil jeder von uns schon einmal die Erfahrung gemacht hat, wie das, was wir als so sicher, klar und eindeutig empfunden haben, sich aus der Distanz völlig anders darstellt. Das Prinzip gilt übrigens genauso unter umgekehrten Vorzeichen – das ist der Lupen-Effekt. Je tiefer wir in etwas, eine Sache oder eine Wahrnehmung, eindringen, umso mehr neue Aspekte und Einsichten eröffnen sich uns. Vielleicht probieren Sie auf diese Weise auch einmal die Mäuse-Perspektive aus.

Die Emmausjünger

Und siehe, zwei von ihnen gingen an demselben Tage in ein Dorf, das war von Jerusalem etwa zwei Wegstunden entfernt; dessen Name ist Emmaus. Und sie redeten miteinander von allen diesen Geschichten. Und es geschah, als sie so redeten und sich miteinander besprachen, da nahte sich Jesus selbst und ging mit ihnen. Aber ihre Augen wurden gehalten, dass sie ihn nicht erkannten. Er sprach aber zu ihnen: Was sind das für Dinge, die ihr miteinander verhandelt unterwegs? Da blieben sie traurig stehen. Und der eine, mit Namen Kleopas, antwortete und sprach zu ihm: Bist du der Einzige unter den Fremden in Jerusalem, der nicht weiß, was in diesen Tagen dort geschehen ist? Und er sprach zu ihnen: Was denn? Sie aber sprachen zu ihm: Das mit Jesus von Nazareth, der ein Prophet war, mächtig in Taten und Worten vor Gott und allem Volk; wie ihn unsre Hohenpriester und Oberen zur Todesstrafe überantwortet und gekreuzigt haben. Wir aber hofften, er sei es, der Israel erlösen werde. Und über das alles ist heute der dritte Tag, dass dies geschehen ist. Auch haben uns erschreckt einige Frauen aus unserer Mitte, die sind früh bei dem Grab gewesen, haben seinen Leib nicht gefunden, kommen und sagen, sie haben eine Erscheinung von Engeln gesehen, die sagen, er lebe. Und einige von uns gingen hin zum Grab und fanden's so, wie die Frauen sagten; aber ihn sahen sie nicht. Und er sprach zu ihnen: O ihr Toren, zu trägen Herzens, all dem zu glauben, was die Propheten geredet haben! Musste nicht Christus dies erleiden und in seine Herrlichkeit eingehen? Und er fing an bei Mose und allen Propheten und legte ihnen aus, was in der ganzen Schrift von ihm gesagt war. Und sie kamen nahe an das Dorf, wo sie hingingen. Und er stellte sich, als wollte er weitergehen. Und sie nötigten ihn und sprachen: Bleibe bei uns; denn es will Abend werden und der Tag hat sich geneigt. Und er ging hinein, bei ihnen zu bleiben. Und es geschah, als er mit ihnen zu Tisch saß, nahm er das Brot, dankte, brach's und gab's ihnen. Da wurden ihre Augen geöffnet und sie erkannten ihn. Und er verschwand vor ihnen. Und sie sprachen untereinander: Brannte nicht unser Herz in uns, als er mit uns redete auf dem Wege und uns die Schrift öffnete? Und sie standen auf zu derselben Stunde, kehrten zurück nach Jerusalem und fanden die Elf versammelt und die bei ihnen waren; die sprachen: Der Herr ist wahrhaftig auferstanden und Simon erschienen. Und sie erzählten ihnen, was auf dem Wege geschehen war und wie er von ihnen erkannt wurde, als er das Brot brach.

(LUKAS 24,13-35)

3

Ist die Auferstehung nur ein Rollenspiel?

Entdecken Sie sich selbst

Nun folgt eine Geschichte, die klingen mag wie ein amerikanischer Film über die Absonderlichkeiten des Geschäftslebens. Dennoch könnte sie wahr sein.

Der Chef hatte die ziemlich verrückte Idee, zu Halloween eine Masken-Party für die Führungskräfte zu veranstalten. Da konnten Sie sich nicht drücken, obwohl Sie das gerne getan hätten. Sie mussten einfach dabei sein. Sie beschlossen, als Zebra zu gehen, denn dafür hatten Sie noch ein passendes Ringelhemd. Und für das Gesicht und die Handrücken reichten ein paar mit Schminke aufgemalte schwarz-weiße Streifen. Als Sie ankamen, war das Fest schon im Gange und Sie mischten sich ein wenig verlegen unter die Gäste. Alle hatten sich mehr oder weniger originell verkleidet. Das gab zumindest einigen Gesprächsstoff. Der Abend zog sich dahin, und erst nach der unvermeidlichen Rede des Chefs wurde die Stimmung locker. Sie fanden sich schließlich zu dritt wieder: Sie als Zebra, ein Kollege von Ihnen, der Leiter der Forschungsabteilung, der sich als Wandergesell dekoriert hatte, und jemand, den Sie nicht erkennen konnten, weil er sich perfekt als Zauberer getarnt hatte. Rasch entstand eine angeregte Unterhaltung und zwar diesmal nicht – wie unter Männern und Managern sonst so üblich – über das Geschäft, den Markt, die Globalisierung. Es wurde ein richtig persönliches

Gespräch. Der Zauberer berichtete von seinem Burnout, der ihn nach einer Beförderung ereilt hatte, und wie er in einem Retreat wieder zu sich selbst gefunden hatte. Der Wandergesell erzählte von seiner behinderten Tochter zu Hause, und Sie konnten sehr gut nachempfinden, wie liebevoll er mit ihr umging. Überrascht nahmen Sie wahr, dass Sie von Ihren eigenen Ängsten sprachen, bei der nächsten Kosteneinsparung selbst Opfer zu sein. Die seltsame Maskerade ermöglichte in dieser Nacht offensichtlich eine Nähe, wie Sie sie im Alltag bisher niemals gefunden hatten. Es war schon spät, als Sie im allgemeinen Trubel des Festes auseinandergingen. Auf dem Nachhauseweg und auch am nächsten Tag blieb Ihnen jedoch ein tiefes Gefühl von Glück und Dankbarkeit für diese Begegnung.

Wenn Sie jetzt über beide Geschichten ein wenig verwundert sind, dann ist das kein Wunder. Denn so richtig „normal" ist hier nichts, im Gegenteil – es ist ein ziemliches Versteckspiel. Beginnen wir mit der Emmaus-Geschichte. Hätten Sie zum Beispiel gedacht, dass Jesus, der Sohn Gottes, so tut, als wisse er von nichts? Später am Abend spielt er sogar den Eiligen, um sich dann doch von den beiden Mitläufern einladen zu lassen. Offensichtlich kann man sich selbst auf Jesus nicht mehr verlassen ...

Für mich ist das – vielleicht gerade deswegen – eine der wundersamsten Geschichten im Neuen Testament. Keine Frage: Sicher wurde sie vom Evangelisten Lukas auch festgehalten, um einen weiteren Beweis für die Auferstehung Jesu zu liefern. Zu untersuchen ist jedoch, ob es hier nicht um wesentlich mehr geht als ein leibhaftiges Erscheinen Jesu. Die offensichtlichen Ungereimtheiten der Erzählung legen, so möchte ich meinen, nahe, dass sie uns einen noch tieferen Sinn offenbaren möchte und kann.

Sein oder Nichtsein – alles nur ein Spiel?

Täuschen und sich verstellen, das hätte man ja eher im Geschäftsleben erwartet, bei den berühmten Teppichhändlern, die es schaffen, uns einen billigen Industrieteppich als noblen Afghanen zu verkaufen. Wir tun so etwas natürlich nicht. Umso erstaunlicher ist es, dass Jesus hier so dargestellt wird. Daraus lässt sich nur ein Schluss ziehen, nämlich dass das Schauspielen wohl etwas ganz Alltägliches sein muss. Wenn Shakespeare sagt, „die ganze Welt ist eine Bühne", dann verweist auch er auf die Normalität unserer täglichen Rollenspiele. Das gilt für die beiden Jünger – und natürlich auch für Jesus. Unsere beiden Wanderer sind so erfüllt von dem Stück, in dem sie spielen, dass sie noch nicht einmal bemerken, dass Jesus auf ihre Frage, wer er denn sei, keine Antwort gibt. Wenn wir dazu jetzt einmal in unsere Business-Geschichte springen, dann wird uns auffallen, dass der „Zauberer" noch nicht einmal nach seiner wirklichen Identität gefragt wurde. Hier zeigt sich, dass wir alle unsere Rollenspiele nicht spielen, sondern sind. Das Problem entsteht jedoch nicht, wie wir vielleicht meinen, durch das Spielen einer Rolle, sondern vielmehr dadurch, *wie* wir unsere Rolle spielen.

Es gehört unvermeidlich zu unserer Identität, dass wir uns beständig in bestimmten Rollen bewegen und uns damit von anderen Identitäten abgrenzen. Deshalb kommen uns unsere eigenen Rollen so normal und unspektakulär vor. Tatsache ist jedoch, dass wir nicht nur auf dem Kostümball in eine Rolle schlüpfen, sondern in jeder Minute und mit allem was wir tun und lassen. Wenn Sie diesen Text hier lesen, sind Sie in einer anderen Rolle als wenn Sie den Inhalt jemandem erzählen würden. Und wenn Sie das Buch als Kritiker lesen, sind Sie wiederum in einer anderen Position, als wenn Sie den Text aus der Perspektive eines Personalchefs lesen.

Wann und wo immer wir in dieser Welt „auftreten", tun wir das letztlich in einer sich ständig verändernden Identität. Das gilt selbst für Jesus. Auch für ihn stellte sich die Frage: Was ist meine wahre Identität? Und sowohl er als auch wir müssen uns fragen: Wie gehen wir mit unseren unvermeidlichen Rollen im Leben um? Sind wir zwanghaft mit unserer Rolle verbunden? Oder können wir wirklich spielerisch darin agieren? Und wenn ja, bleibt unser Leben dann ein oberflächliches Geplänkel, oder ist unser Spiel so, dass es an Tiefe und Vollkommenheit zunimmt?

Wie der Musterschüler das Leben verpasst

Stellen Sie sich vor, Sie müssten eine Präsentation entwickeln, mit der Sie ein für Ihr Unternehmen wichtiges Projekt dem versammelten Vorstand vorstellen. In einer solchen Situation dürften Sie ziemlich konzentriert und angespannt sein. Vielleicht haben Sie sogar Lampenfieber. Denn natürlich ist es Ihnen wichtig, anschließend Applaus zu bekommen. Nur nennt man das hier nicht so wie im Theater. Hier heißt das cool „Zustimmung erzielen" oder im besten Falle Lob. Der innere Mechanismus ist jedoch immer der gleiche. Wir tun etwas, um dafür gute Noten zu bekommen. Auch die beiden Jünger sitzen da vor Jesus wie gute Schüler. Dagegen ist natürlich nichts einzuwenden. Wir alle kennen jedoch den Typ Musterschüler, der vor lauter Lernbegierigkeit und Anerkennungssucht das Leben verpasst. Wir alle haben das in uns: „Du musst fleißig sein und viel lernen, nur so bekommst du Lob und Anerkennung."

Im calvinistischen Arbeitsethos wurde dann aus der ursprünglich persönlichen Zuwendung in Form von Lob und Anerkennung die abstrakte Gunst Gottes. Gleich wie: Als eine der Folgen solcher Mechanismen ist die Freude am Spiel des Lebens weithin verloren gegangen. Ein Freund von mir berichtete kürzlich von seiner Afrikareise, bei der er zwar viel Elend, aber auch „noch nie so viele lebensfrohe, lachende Menschen getroffen" habe wie zuvor in seinem Leben. Damit will ich nicht sagen, dass Elend und Lebensfreude ein Tandem seien, sondern dass spielerische Freude am Leben eine Grundeigenschaft des Menschen ist. In dem merkwürdigen Katz- und Mausspiel von Jesus finden wir das wundersam bestätigt. Erst als bei den Jüngern die Entspannung beim Abendessen einsetzt, „da wurden ihnen die Augen geöffnet“. Unsere drei Führungskräfte aus der Business-Geschichte brauchen erst eine Maskerade und die Halloween-Party, um aus den unechten, konventionellen Rollen auszubrechen, um wenigstens einmal für kurze Zeit sie selbst sein zu können.

Vertrautheit, Intimität und der Flow der Freude

Spaß an der Arbeit zu haben, gilt in den meisten Unternehmen als ein sehr bedenkliches Indiz für mangelnde Ernsthaftigkeit und fehlendes Engagement. Dabei wissen wir alle, dass es genau umgekehrt ist. Das merken wir vor allem, wenn etwas Unvorhergesehenes eintritt. Dann zeigt sich, ob ein Team wirklich mit Freude bei der Arbeit ist. Wenn in Anbetracht der Herausforderung nämlich nur noch Nervosität und Hektik einsetzen, kann es mit der Entspanntheit der Beteiligten nicht weit her sein.

Gute Schauspieler können Patzer elegant überspielen. Warum ist das so? Bei Akrobaten, bei deren Miteinander es bekanntlich auf höchste Präzision und gegenseitige Verlässlichkeit ankommt, können wir es sehen. Hier ist mehr notwendig als Übung und technisches Können. Es bedarf einer Vertrautheit, ja Intimität, wie wir sie auch in den beiden Geschichten dieses Kapitels entdecken können. Diese entsteht jedoch erst, wenn unsere hochgradige Egozentriertheit wenigstens gelegentlich unterbrochen werden kann. Und diese Erfahrung wird vermutlich jeder schon einmal gemacht haben, nämlich in dem Augenblick, indem wir uns ganz auf die Sache einlassen und alle unsere egoistischen Wünsche und tief sitzenden Ängste aus dem Spiel bleiben. Wenn alle konstruktiv und in wechselseitiger Wertschätzung an einem Projekt arbeiten, dann entsteht das, was der amerikanische Forscher Mihály Csikszentmihályi „flow“ genannt hat.

Die richtige Rolle zur rechten Zeit spielen

Nun werden Sie sich vielleicht fragen, wer hat schon das Glück, in so einem Dreamteam arbeiten zu können? Und tatsächlich ist das – vor allem im Berufsleben – selten genug. Der Grund liegt jedoch nicht in den anderen, den Kollegen, den Untergebenen, den Vorgesetzten, sondern in unserer mangelnden Fähigkeit, mit unseren Rollen spielerisch umzugehen. Das, was wir als Leistung oder Engagement bezeichnen, ist in Wahrheit oft Überidentifikation, die mit längerer Praxis und zunehmender Karriere immer mehr zwanghaft zu werden droht.

In einem wirklich guten Team sind die Beteiligten jedoch in der Lage, sowohl 100 Prozent in ihrer Rolle engagiert zu sein, als auch jederzeit aus ihr herauszuspringen, um in eine andere Rolle, und zwar in die gerade in diesem Augenblick notwendige, zu schlüpfen. Freude und Lachen bei der Arbeit sind übrigens zwei gute Indikatoren dafür, ob das so ist. Wenn wir fixiert sind, dann haben wir tatsächlich nichts mehr zu lachen. Die ultimative Fixierung können wir auch Tod nennen. Dann wäre übrigens die Ent-Fixierung so etwas wie eine Auferstehung.

Wer glaubt, etwas zu sein,
hat aufgehört, etwas zu werden.

Sokrates

30-Sekunden-Übung: Blöd gucken

Stellen oder setzen Sie sich möglichst entspannt hin. Achten Sie darauf, dass Sie eine Weile ungestört sind und niemand Sie sehen kann. Beugen Sie den Oberkörper ein wenig nach vorne, so dass Sie dabei noch entspannt sind. Richten Sie Ihren Blick etwa zwei Meter vor sich auf den Boden – ohne irgendetwas zu fixieren, was Sie dort wahrnehmen. Stellen Sie sich vor, Sie wären auf einer Bühne, und Sie müsten den/die „Blöde/n" spielen. Lassen Sie jetzt den Unterkiefer hängen, öffnen Sie den Mund, lösen Sie die Zunge. Seien Sie ganz in Ihrer Rolle, das meint: erwartungslos, gedankenlos, spannungslos.

Der Effekt dieser Übung ist genau das, was Sie spielen: *erwartungslos, gedankenlos, spannungslos.* Damit sind Sie in einer Rolle, die genau das Gegenteil von dem ist, was Sie vermutlich den ganzen Tag über zu spielen haben, nämlich: erwartungsvoll, konzentriert, angespannt. Wenn Ihnen die Übung so albern vorkommt, dass Sie sich weigern, überhaupt darüber nachzudenken, sie zu praktizieren, dann ist es höchste Zeit, dass Sie Ihr Engagement überprüfen. Ist es vielleicht schon zwanghaft? Schaffen Sie es noch, spontan ein Lächeln auf Ihr Gesicht zaubern?

Nun wird es vielleicht nicht immer möglich sein, in Ihrem Berufsalltag diese Übung äußerlich zu praktizieren. Allerdings kann schon allein die Vorstellung davon auf unserer *inneren* Theaterbühne einen heilsamen Effekt haben. Stellen Sie sich vor, dass in einem dieser langatmigen, langweiligen Meetings ihr Gegenüber ihnen zuflüstert: „Hey, was gibt's Schönes zu lächeln?" Dann könnten Sie vielleicht antworten: „Ach so, ich schaue nur blöd."

Der zwölfjährige Jesu im Tempel

Und seine Eltern gingen alle Jahre nach Jerusalem zum Passafest. Und als er zwölf Jahre alt war, gingen sie hinauf nach dem Brauch des Festes. Und als die Tage vorüber waren und sie wieder nach Hause gingen, blieb der Knabe Jesus in Jerusalem und seine Eltern wussten's nicht. Sie meinten aber, er wäre unter den Gefährten, und kamen eine Tagereise weit und suchten ihn unter den Verwandten und Bekannten. Und da sie ihn nicht fanden, gingen sie wieder nach Jerusalem und suchten ihn. Und es begab sich nach drei Tagen, da fanden sie ihn im Tempel sitzen, mitten unter den Lehrern, wie er ihnen zuhörte und sie fragte. Und alle, die ihm zuhörten, verwunderten sich über seinen Verstand und seine Antworten. Und als sie ihn sahen, entsetzten sie sich. Und seine Mutter sprach zu ihm: Mein Sohn, warum hast du uns das getan? Siehe, dein Vater und ich haben dich mit Schmerzen gesucht. Und er sprach zu ihnen: Warum habt ihr mich gesucht? Wisst ihr nicht, dass ich sein muss in dem, was meines Vaters ist? Und sie verstanden das Wort nicht, das er zu ihnen sagte. Und er ging mit ihnen hinab und kam nach Nazareth und war ihnen untertan. Und seine Mutter behielt alle diese Worte in ihrem Herzen.
Und Jesus nahm zu an Weisheit, Alter und Gnade bei Gott und den Menschen.

(Lukas 2,41-52)

4

Die Faszination der Beseeltheit

Echte Begeisterung ist gut fürs Business

Sie sind die Leiterin der Produktentwicklung, eine Position, die bisher nicht viele Frauen erreicht haben. Die Arbeit macht Ihnen große Freude, denn sie ist abwechslungsreich. Sie sind erfolgreich und bekommen ein sehr ordentliches Gehalt. Weil der Job eine so große Herausforderung darstellt, ist Ihr Privatleben jedoch ein wenig unterentwickelt. Dabei sind Sie alleinerziehende Mutter und erfreuen sich eines zwölfjährigen Sohnes (dass der Junge gerade zwölf ist, war in diesem Kontext sicher nicht anders zu erwarten). Der Junior ist für sein Alter schon ganz schön clever. Als Sie sich kürzlich mit ihm darüber unterhielten, wie Sie wohl mehr Zeit gemeinsam verbringen könnten, hat er Ihnen eine verblüffende Idee unterbreitet: „Kannst Du nicht zu Hause arbeiten? Dann müsstest Du nicht immer so lange im Büro sein." Zunächst fanden Sie den Gedanken ziemlich aberwitzig, aber er ließ Sie nicht mehr los. Ja, tatsächlich, Sie könnten sich doch selbstständig machen. Sicher, einerseits wäre das völlig verrückt, aber warum eigentlich nicht? Schließlich haben Sie sogar schon ein paar Produktideen in der Schublade, mit denen Sie bei Ihrem Vorgesetzten bisher nicht landen konnten, die Sie aber eigentlich unbedingt realisieren möchten. Als Sie Ihrem Chef von Ihren Zukunftsplänen erzählen, starrt er Sie ungläubig an: „Wissen Sie eigentlich, was Sie da alles aufgeben? Ihre Sicherheit, das Prestige unserer Firma im Rücken, und überhaupt." Sie sind jedoch nicht nur wild entschlossen, sondern auch so begeistert von Ihrer Idee, dass Sie schließlich vom Chef sogar die Zusage erhalten, Ihre bisherige Firma als ersten Kunden zu betreuen. Daraufhin fahren Sie mit Ihrem Sohn in den nächsten Ferien für zwei Wochen in den Club Méditerranée.

Herkömmliche Deutungen der Jesus-Geschichte landen nun rasch bei dem Thema Familie. Das ist auch nahe liegend, weil wir alle ähnliche Erfahrungen gemacht haben dürften, als wir als pubertierendes Kind in unserer wachsenden Eigenständigkeit mit den Erziehungsidealen unserer Eltern kollidierten. Allerdings ist, auch wenn es vielfach so missverstanden wird, das Neue Testament keineswegs ein Erziehungshandbuch. Natürlich hat sich bei den Autoren, den Evangelisten, eine Fülle von normativen Impulsen in ihre Texte eingeschlichen. Wenn hier zum Beispiel gesagt wird, „und (er) war ihnen untertan", dann ist das so ein Beispiel für die damalige „Political Correctness". Von wesentlicher Bedeutung für den tatsächlichen Inhalt der Botschaften des Neuen Testamentes sind solche erbaulich-erzieherischen Passagen jedoch nicht. In Wirklichkeit sind wir vor allem aufgerufen, die *spirituelle* Dimension zu finden, die zu unserer Vervollkommnung im Alltag beitragen kann. Denn das ist ja gerade der Vorteil dieser Textsammlung, dass wir hier existenzielle Weisheit in so wunderbaren, lebensnahen Beispielen entdecken können. Welche Weisheiten sind nun in diesem Text versteckt – oder vielleicht sogar offenkundig?

Den Blick für das Besondere schärfen

Das Besondere kann es ja nicht sein, dass Jesus hier als Superschlaumeier die alten Männer im Tempel belehrt. Viel wichtiger ist es, das Motiv herauszufinden, warum diese Szene entstanden ist. Denn nur dann können wir vielleicht etwas für uns und unser eigenes Leben daraus mitnehmen. Immerhin hatte der Junge einiges inszeniert, nur um mit diesen Männern zu sprechen. Es war damals zwar nicht ganz unüblich, dass sich die Schriftgelehrten auch in einen Dialog mit Jugendlichen begaben. Die berühmte „Judenschule" meint nämlich vor allem Unterricht in Gesprächsform. Das, was jedoch hier beschrieben wird, geht weit über die bis dahin übliche Unterrichtsform hinaus.

Der Künstler Max Liebermann zeigt das in seinem Bild „Der zwölfjährige Jesus im Tempel" auf wunderbare Weise: Der junge Jesus steht inmitten der ihn sitzend umgebenden Schriftgelehrten. Diese haben ihre Bücher und Schriftrollen beiseitegelegt, um sich ganz mit diesem Jungen zu befassen. Fast sieht man in diesem Bild das staunende Kopfschütteln der alten Männer. Es ist offenkundig: Von diesem Jungen geht eine große Faszination aus. Er muss beseelt sein. Sonst hätte er doch wohl nicht so mir nichts dir nichts seine Eltern ohne ihn weiterziehen lassen. Und die weisen Herren hätten ihm keine fünf Tage, ja nicht einmal eine Stunde gelauscht. Fromme Menschen werden jetzt sagen, das ist doch kein Wunder, da er doch Gottes Sohn ist. Nun, das sind wir doch alle – oder auch Tochter. Wenn das so ist, müssen die besonderen Fähigkeiten Jesu, die dieses Setting erst ermöglichten, also auch uns zur Verfügung stehen.

Das Leben in seiner Tiefe leben

Das, worum es im Kern geht, möchte ich einmal mit „beseelt sein" bezeichnen. In der Business-Welt würde man vielleicht eher von Begeisterungsfähigkeit sprechen. Aus gutem Grund wird die Fähigkeit, begeistert zu sein – und noch mehr: andere zu begeistern – in dieser Welt hoch gehandelt. Wir sagen ja auch: „Er/Sie hat eine ansteckende Begeisterung." Und wir meinen oft, das sei ein Talent, das man entweder hat oder eben auch nicht. Von Jesus, diesem Wunderkind, können wir dieses Beseeltsein natürlich erwarten. Aber von Ihnen oder von mir?

Warum nicht? Wir sind doch genauso gut Gottes Kinder (bitte: metaphorisch). Die Fähigkeit, sich für etwas zu begeistern, von etwas erfüllt oder gar beseelt zu sein, haben wir deshalb alle. Sie ist oft nur nicht besonders gut entwickelt und trainiert. Allzu oft, und irgendwann schließlich sogar gerne, rutschen wir auf die andere Seite des Beseeltseins, nämlich in das Leiden. Das gehört zwar auch zum Leben, wie wir gerade an der Jesus-Geschichte sehen können. Es wäre jedoch kein erfülltes Leben, wenn der Aspekt des Leidens unser Dasein einseitig dominierte. Das Risiko, dass es dazu kommt, ist vor allem dann besonders hoch, wenn die andere Seite, das Beseeltsein, völlig unterentwickelt ist.

Sich für etwas zu begeistern, hat viele Facetten: Wir bleiben dran, wir gehen in die Tiefe, wir erfreuen uns daran und wir wollen dies mit anderen Menschen teilen. Begeisterung ist also nicht nur für jeden Einzelnen von uns, sondern auch für das menschliche Zusammenleben, ein höchst nützliches Tool, sprich Werkzeug. In unserem Business-Beispiel am Anfang des Kapitels können wir die positive Begeisterungskette leicht nachvollziehen. Der Sohn ist begeistert von der Idee, die Mutter öfter zu Hause zu haben. Die Mutter ist begeistert, sich selbstständig machen zu können. Selbst der Chef ist schließlich begeistert, eine unerwartet angenehme Lösung gefunden zu haben. In der Welt und im Wirtschaftsleben ist diese beflügelnde Kraft leider ziemlich selten anzutreffen. Wer kennt nicht die Firmen und Institutionen, seltsamerweise vor allem im öffentlichen und sozialen Bereich, in denen die Mitarbeiter eher gelangweilt, abweisend oder gar mürrisch ihren Dienst tun. Warum ist das so?

Begeisterung bringt etwas Unberechenbares in die Welt. Davor haben viele Institutionen Angst. Die Mitarbeiter sollen funktionieren und sich nicht ausleben. Arbeit darf doch kein Vergnügen sein.

Von etwas beseelt zu sein, sich für etwas zu begeistern, bringt jedoch immer eine positive Dynamik in das Leben. Noch ist das bisher Gesagte allerdings nichts anderes als praktische Psychologie. Wenn das alles wäre, wäre es in einem Buch über ganzheitliches, spirituelles Leben kaum erwähnenswert. Die besondere Dimension, nämlich die Dynamik des Beseeltseins, finden wir übrigens im Neuen Testament an allen Ecken und Enden. Wenn Jesus einmal sinngemäß sagt, „die Lauen werden durchs Rost fallen", finden wir sie ebenso wie in der Geschichte von der Vertreibung der Händler aus dem Tempel (diese wird ausführlich im 7. Kapitel behandelt).

Was damit gemeint ist, können wir vielleicht eher herausfinden, wenn wir uns auch einmal die andere Seite ansehen. Das Leiden ist in diesem Zusammenhang schon genannt worden. Nach Buddha führt allein der Wunsch zu leben schon zum Leiden. Nur das Loslassen und der Gleichmut seien geeignet, das Leiden mindern. Daraus könnte man schließen, dass ein begeisterungsloses Leben das beste sei. Eine solche Perspektive wäre jedoch kaum beglückend, denn die Freude bliebe gleich mit auf der Strecke. Das jedoch haben weder Buddha noch Jesus, wie man an ihren Geschichten leicht erkennen kann, gewollt. Es muss also noch etwas anderes sein, das zum Leiden führt. Es ist die Besessenheit.

Wie zu viel des Guten zu Leiden führt

Im Neuen Testament gibt es die Begebenheit, wo Jesus einen vermeintlichen Dämonen aus einem Besessenen vertrieben hat. Damit kommen wir der Sache schon näher. Wenn wir von einer Sache besessen sind, dann besitzt sie uns. Wir alle kennen Beispiele von Besessenen, gerade im Berufsleben, in Hülle und Fülle. Da gibt es die Abteilungsleiterin, die ihre Akten mit Akribie hütet, damit niemand etwas falsch macht, weil nur sie es ja richtig machen kann. Da gibt es den Bezirksdirektor, der nicht mehr anders kann, als den Vorgesetzten zu beweisen, dass er noch mehr aus seinen Untergebenen herausholt. Meist fängt es ja ganz harmlos an. In jungen Jahren überwiegt zunächst noch die Begeisterung, wir freuen uns auf den neuen Job, die Arbeit ist interessant, wir wollen etwas werden, suchen Anerkennung, Aufstieg und Macht.

In totalitären Systemen (und leider auch in manchen Unternehmen) wird dieses zunächst noch natürliche Engagement schamlos missbraucht. Aber auch in „ganz normalen Unternehmen“ ist die Verführung durch die mit dieser Dynamik verbundenen Lust enorm. Die Folge sind dann eine oft gnadenlose Überheblichkeit der Führungsclique und ein Klima von Druck und Unterdrückung. Schließlich sind aus Mitarbeitern „mit Biss“ bissige Hunde geworden. Das Tragische dabei ist, dass solche Systeme vordergründig lange Zeit ziemlich erfolgreich sein können. Entsprechend wird die Schlussfolgerung gezogen, um erfolgreich zu sein, musst du möglichst rücksichtslos deinen Weg gehen. Wir alle wissen, und die deutsche Geschichte vom Dritten Reich ist ein Paradebeispiel dafür, das geht nicht gut aus. Wann immer Begeisterung in Besessenheit umschlägt, sollten alle Alarmglocken läuten. Besessenheit ist nämlich nichts anderes als eine Sucht, die sich selbst nicht zugestandene Freude am Tun wenigstens ein wenig über Ersatzhandlungen zu erhaschen.

Spirituell betrachtet, ist der Grundzustand des Lebens Freude, nicht Leid. Nicht ganz zufällig ist das Hirn weitgehend auf Lust programmiert. Deshalb: Sobald wir uns an unsere existenzielle Basisstation, die Freude, anbinden, sind wir beseelt. Im Alltag ist es durchaus eine schwierige Balance zwischen entrückt sein, beseelt, begeistert und besessen sein. Unser Dasein ist eben eine lebenslange Akrobaten-Schule. Wenn wir also diese Balance nicht *üben*, wie wollen wir sie dann beherrschen?

Nun besteht unser Leben nicht nur aus dem als irrational empfundenen Gefühl der Freude und Begeisterung. Einen ebenso hohen Stellenwert nimmt das ein, was wir als Ratio oder auch, wie es Meister Eckhart sagt, Vernünftigkeit bezeichnen. Auch für diesen Aspekt bietet unsere Geschichte, so meine ich, interessante Einsichten. Das Wort Einsicht macht bereits deutlich, worum es geht. Wir haben einen Anspruch darauf, Gott und die Welt so erklärt zu bekommen, dass es zur Einsicht führt. Nicht zum blinden Glauben. In allen Bereichen des Lebens werden wir immer wieder damit abgespeist, Unlogisches, Widersinniges oder Unglaubwürdiges einfach hinnehmen zu sollen. Vor allem Religionen sind darin Weltmeister, uns schwer zu Erklärendes als etwas von einer übergeordneten Instanz Angeordnetes zuzumuten.

Aber auch in Firmen ist es weit verbreitet, offenkundigen Erklärungsnotstand durch Hierarchie zu unterdrücken. Da wird dann der katastrophale Umsatzrückgang entweder totgeschwiegen oder totgeredet. Viele Führungskräfte sind entweder nicht bereit oder dazu nicht in der Lage, den ihnen anvertrauten Menschen die von ihnen erwarteten Leistungen so zu erklären, dass sie nachvollziehbar sind. „Sie sollen nicht diskutieren, sondern arbeiten", ist in solchen Konstellationen eine beliebte Phrase. Klar, das Risiko, alles zu zerreden, ist die andere Seite der Medaille. Wenn Sie als Führungskraft sich jedoch darüber im Klaren sind, dass es bei Ihrer Arbeit ausschließlich um die Vermittlung von Einsicht und Begeisterung geht, dann ist die Gefahr sehr gering, dass nur noch über die Dinge gesprochen wird, statt sie zu tun.

Aus Einsicht und Entfaltung entwächst wahrer Spirit

Das Beharren auf Erklärbarkeit eröffnet uns noch eine weitere Dimension. Wir arrangieren uns nicht so leicht mit den Widersprüchen unseres Lebens und der Welt. Natürlich ist es schwer zu erklären, warum 80 Prozent des Wohlstandes in den Händen von nur 10 Prozent der Weltbevölkerung sind. Natürlich ist es schwer zu erklären, warum das eine Kind schwerstbehindert auf die Welt kommt, ein anderes dagegen ein Glückskind zu sein scheint. Und es ist schwer zu erklären, warum der eine Mensch an der ihm gestellten Aufgabe zerbricht, während der andere sie mit Bravour löst. Letztlich ist es auch schwer zu erklären, warum es uns überhaupt gibt. Dabei geht es hier nicht um ein digitales Erklären, so wie eins und eins zwei ergibt, sondern es geht um das Erreichen von Einsicht in die Zusammenhänge. Denn erst mit der Einsicht kann sich der Geist entfalten. Dann entsteht das, was ich im Geschäftsleben gerne „Spirit" nenne. Spirit heißt bekanntlich auf Deutsch Geist. Damit schließt sich der Kreis, denn wir sind wieder bei der Be-Geisterung gelandet. Und diese meint ja nichts anderes, als dass ich eine tiefe Einsicht in etwas habe, mich also in hohem Maße damit identifiziere und damit seinen Geist aufnehme.

Nun bleibt noch die Frage, was das mit den Zwölfjährigen zu tun hat. Wenn Sie tatsächlich noch nie wirklich begeistert waren, wenn Sie noch nie Dingen bis auf den Grund gehen und darüber hinaus gehen wollten, dann sind Sie vermutlich in Ihrem Leben niemals zwölf Jahre alt gewesen. In diesem Alter, am Übergang vom Kind zum Erwachsenen, treffen ja beide Aspekte wundersam zusammen: das Kind, das sich für alles und jeden begeistern kann, und der Erwachsene, der gefälligst wissen möchte, wozu das gut ist. Insofern kann man sagen, hat Lukas mit seiner Geschichte einen genialen Wurf gemacht. Und Max Liebermann hat das großartig erfasst: Hier lassen sich die Alten begeistern und der Junge verlangt nach Einsicht. Wenn wir diese beiden Fähigkeiten ein Leben lang lebendig halten können, sind wir dem, was wir Lebensglück nennen, schon ein gutes Stück näher gekommen. Oder, in Jesu Worten: „Wer bei Tag umhergeht, der stößt sich nicht; denn er sieht das Licht dieser Welt. Wer aber bei Nacht umhergeht, der stößt sich; denn es ist kein Licht in ihm." (Johannes 11,9-10)

Begeisterung ohne Erdung ist jedoch wie eine Lampe ohne Licht. Sie nützt nichts. Die traditionelle Meditationshaltung ist das Sitzen möglichst nahe am Boden. Das hat seinen guten Grund, weil auf diese Weise unser Drang zu geistigen Höhenflügen, zur Verkopfung, gebremst wird. Begeisterung, die nicht geerdet ist, wird leicht zur Spinnerei. Nicht wenige, die sich selbstständig machen wollten, haben das leidvoll erfahren. In unserer Business-Geschichte sorgt der Sohn dafür, dass die Mutter in Balance bleibt. Dies führt dazu, dass die Beteiligten sich nicht in Wunschdenken oder in Illusionen verstricken. Der große

Alexander von Humboldt (1769-1859) war so ein Typ, der bei all seiner Begeisterung, die Welt zu entdecken, immer den Sinn für das Praktische behielt. Sonst hätte er schon seine erste Reise nicht überlebt.

Ich hielt es für besser, etwas zu leisten,
als nichts zu versuchen,
weil man nicht alles leisten kann.

Alexander von Humboldt

30-Sekunden-Übung: Das Weltraum-Teleskop

Stellen Sie sich so hin, dass Ihre Füße eng nebeneinanderstehen. Verbinden Sie die Füße in Ihrer Vorstellung fest mit dem Boden und achten Sie darauf, dass sie an allen Auflageflächen gleichmäßig belastet sind. Drücken Sie die Beine nicht durch, sondern lassen Sie in den Kniekehlen locker, bis Sie spüren, dass Sie einen federnden Stand haben. Richten Sie Ihren Oberkörper gerade auf, ohne sich übermäßig zu recken. Verschränken Sie dann die Finger und führen Sie sie zu Ihrem Hinterkopf. Bleiben Sie dabei aufrecht stehen. Die verschränkten Finger bilden eine Art Schale, in die Sie den Hinterkopf sanft hineindrücken. Ziehen Sie die Schulterblätter ein wenig zusammen und führen Sie die Ellenbogen noch ein wenig nach hinten. Wenn Sie dann die Augen schließen, können Sie sich vorstellen, dass Ihr oberer Brustraum, Ihr Kopf und die verschränkten Arme eine große Satellitenschüssel bilden. Lauschen Sie nun – mit geschlossenen Augen – für eine Weile tief in das Universum hinein. Beenden Sie die Übung, indem Sie die Finger wieder lösen und die angewinkelten Arme ohne Eile sinken lassen. Spüren Sie unbedingt in Ihrem Inneren der Übung noch einige Atemzüge lang nach.

Mit dieser Übung spüren Sie dem Großen Geist nach. Es ist ja kein Zufall, dass wir Gott irgendwo über uns im Universum verorten. Das ist so, weil er das Gegenteil vom Materiellen, dem Irdischen bedeutet, nämlich Geist. Wenn wir also gleichzeitig fest mit dem Boden verbunden sind und doch vollkommen offen für das, was wir Geist nennen, dann sind wir begeisterungsfähig, ohne die Bodenhaftung zu verlieren. Auf der somatischen Ebene ist der Effekt der Übung sofort spürbar. Sie entlastet Schultern und Nacken und nimmt den Druck aus dem Kopf. Auf diese Weise trägt sie dazu bei, die Blockaden abzubauen, die den freien Fluss zwischen Kopf und Körper behindern.

Jesu Salbung durch die Sünderin

Es bat ihn aber einer der Pharisäer, bei ihm zu essen. Und er ging hinein in das Haus des Pharisäers und setzte sich zu Tisch. Und siehe, eine Frau war in der Stadt, die war eine Sünderin. Als die vernahm, dass er zu Tisch saß im Haus des Pharisäers, brachte sie ein Glas mit Salböl und trat von hinten zu seinen Füßen, weinte und fing an, seine Füße mit Tränen zu benetzen und mit den Haaren ihres Hauptes zu trocknen, und küsste seine Füße und salbte sie mit Salböl. Als aber das der Pharisäer sah, der ihn eingeladen hatte, sprach er bei sich selbst und sagte: Wenn dieser ein Prophet wäre, so wüsste er, wer und was für eine Frau das ist, die ihn anrührt; denn sie ist eine Sünderin. Jesus antwortete und sprach zu ihm: Simon, ich habe dir etwas zu sagen. Er aber sprach: Meister, sag es! Ein Gläubiger hatte zwei Schuldner. Einer war fünfhundert Silbergroschen schuldig, der andere fünfzig. Da sie aber nicht bezahlen konnten, schenkte er's beiden. Wer von ihnen wird ihn am meisten lieben? Simon antwortete und sprach: Ich denke, der, dem er am meisten geschenkt hat. Er aber sprach zu ihm: Du hast recht geurteilt. Und er wandte sich zu der Frau und sprach zu Simon: Siehst du diese Frau? Ich bin in dein Haus gekommen; du hast mir kein Wasser für meine Füße gegeben; diese aber hat meine Füße mit Tränen benetzt und mit ihren Haaren getrocknet. Du hast mir keinen Kuss gegeben; diese aber hat, seit ich hereingekommen bin, nicht abgelassen, meine Füße zu küssen. Du hast mein Haupt nicht mit Öl gesalbt; sie aber hat meine Füße mit Salböl gesalbt. Deshalb sage ich dir: Ihre vielen Sünden sind vergeben, denn sie hat viel Liebe gezeigt; wem aber wenig vergeben wird, der liebt wenig.

(LUKAS 7,36-47)

5

Die Liebe und das Geschäft

Warum Sie viel geben und dabei trotzdem gewinnen können

Sie sind die Inhaberin einer Partnervermittlungsagentur, natürlich einer ganz seriösen. Sie kommen damit mehr schlecht als recht über die Runden. Die großen Anbieter im Internet graben Ihnen zunehmend das Wasser ab. In den vergangenen Jahren haben Sie schon alles Mögliche versucht, um neue Kunden zu gewinnen. Der richtige Knüller war allerdings noch nicht dabei. Als Sie schon fast so weit sind aufzugeben, kommen Sie mit einer Kundin über Ihre Lage ins Gespräch. Diese ist selig, weil sie gerade dank Ihrer Vermittlung „den Richtigen" gefunden hat. „Sie müssen Ihren Kunden etwas schenken", so ihr Ratschlag, „etwas, das sie bei den Internet-Vermittlern nicht bekommen können. Wie wär's mit einem persönlichen Telefon zum Beispiel?" Zunächst sind Sie voller Abwehr: noch mehr Kosten und das Risiko, dass die Kunden nur wegen des Geschenks zur Agentur kommen ... Andererseits: Die Idee hat natürlich auch etwas für sich. Wer bekommt nicht gerne etwas geschenkt? In diesem speziellen Telefon könnte man die Nummer Ihrer Agentur fest einprogrammieren und geeignete Partner könnten sofort via SMS Kontakt miteinander aufnehmen. Gesagt, getan. In Gesprächen mit einem Mobilfunkanbieter erfinden Sie Ihr ganz individuelles „Partnertelefon", natürlich mit einem speziellen Tarif für

Ihre Kunden und mit zwei schicken Handymodellen zur Auswahl: pinkfarbene für die Damen und türkise für die Herren. Die Sache ist inzwischen so eingeschlagen, das Sie sich Ihre Kunden aussuchen können.

Sicher werden Sie sich jetzt fragen, was die Partnervermittlung mit Jesu Salbung zu tun haben könnte. Nun, was die „Sünderin" im Lukas-Evangelium treibt, kann man mit einem Satz beschreiben. Der tönt vielleicht ein wenig altmodisch, bringt es aber auf den Punkt: jemandem Liebe schenken. Sie meinen vielleicht, das klingt eher nach Rosamunde Pilcher und hätte mit Business nur etwas zu tun, wenn Sie zufällig selbst der Produzent dieser Schmonzette wären? Ihr Einwand ist völlig berechtigt. Das Geschäftsleben, ja unser gesamtes Zusammenleben, ist so weitgehend trivialisiert, dass für tiefe Gefühle kaum noch Platz zu sein scheint. Dabei müssen wir uns fragen, ob wir durch diese Ent-Heiligung des ganzen Lebens nicht etwas Wesentliches verpassen – vielleicht sogar geschäftliche Chancen.

Den existenziellen Mehrwert erkennen

Der Pharisäer ist ja ein Paradebeispiel dafür, wie man mit ungeliebten Gästen, sprich Kunden, umgeht. Natürlich ist er scharf darauf, diesen Jesus einmal bei sich zu Hause zu haben. Dafür lädt er ihn sogar zum Essen ein. Nur, er macht das Ganze pflichtschuldig: ohne richtige Begrüßung, ohne das damals übliche rituelle Waschen der Füße. Er hat nämlich nur eines im Kopf: die Befriedigung seiner Neugierde und die Erhöhung seines Ansehens. Spätestens hier wird die Parallele zum Geschäftsleben unübersehbar. Wer ist noch nicht das Opfer von Verkäufern (gleich ob Mann oder Frau) geworden, die ihre Kunden ausgesprochen lieblos behandelt haben. Die Dame im Callcenter, die mehr oder weniger gelangweilt herunterleiert „Mein Name ist Katja Müller, was kann ich für Sie tun?", gehört auch in die Kategorie von Verkäufern, von denen man annehmen kann, dass sie am liebsten *nichts* für den Kunden oder die Kundin tun würden. Sie wollen nur etwas für sich tun: einen Auftrag abschließen, ihre Pflicht tun, keinen Ärger bekommen. Dann gibt es noch den Typ Geschäftsmann (oder -frau), der zwar hoch motiviert ist, allerdings nur von seiner Gier, und nicht, weil er dem Kunden etwas Gutes tun möchte. So ist das vermutlich auch bei unserem Pharisäer, den die Neu-Gier umtreibt.

Vielleicht denken Sie jetzt: „Das ist ja wohl etwas übertrieben. Es wird doch wohl niemand von mir erwarten, dass ich alle meine Kunden liebe." Doch, genau darum geht es. Geschäfte, die nur funktional betrieben sind, haben die Qualität von fressen und gefressen werden. Lieblose Deals können – wie wir in den allermeisten Fällen unseres Wirtschaftslebens sehen – natürlich kurzfristig bei allen Beteiligten ein Gefühl der Befriedigung erzeugen. Sie schaffen jedoch keinen existenziellen Mehrwert. Das heißt, solche Deals sind letztlich leer wie Fast Food, weil sie weder dem Käufer noch dem Verkäufer eine „sustainable", besser, spirituelle Bereicherung bringen.

Materiell betrachtet, gehen solche Deals meistens auf, sonst würden sie ja nicht zustande kommen. Der Sinn eines Geschäftes liegt bekanntlich nicht im Umsatzmachen, wie jeder Betriebswirtschaftsstudent im ersten Semester lernt, sondern im Gewinn. Wenn der Gewinn jedoch ausschließlich auf der materiellen Ebene entsteht, bleibt das Geschäft trivial, denn es zahlt nichts auf das „Konto Seele" ein. Wenn Sie nun denken, dieses Konto Seele sei für Sie nicht so wichtig, dann sind Sie damit vielleicht in der guten Gesellschaft der Mehrheit der Menschen. Aber selbst das wäre, marktwirtschaftlich betrachtet, nicht sehr clever. Wie wir am Beispiel der kleinen Partneragentur sehen können, ist es nämlich nicht sehr erfolgversprechend, das zu tun, was alle tun. Wenn also alle ihre Seele vernachlässigen, wäre es eigentlich höchste Zeit, gegen den Strom zu schwimmen, denn: „Der Mensch lebt nicht vom Brot allein."

Entrümpeln Sie Ihre innere Festplatte

Dazu ist es allerdings notwendig, eine ziemlich einschneidende Operation vorzunehmen. Um sich dem Kunden (letztlich: dem anderen) wieder ganz zuwenden zu können, müssen wir unsere inneren Hindernisse und Blockaden beseitigen. Das sind vor allem unsere Selbstprogrammierungen, die sich im Laufe unseres Lebens gerne immer mehr verfestigen. Wir können das vergleichen mit einem Computer, den wir immer weiter aufrüsten, bis er immer langsamer wird und schließlich abstürzt. Spätestens dann ist eine gründliche Bereinigung der Festplatte angesagt. Unser innerer Computer ist dagegen ungleich komplexer und speicherfähiger. Deshalb ist seine Entrümpelung und seine Reinigung (sic: Fußwaschung) auch erheblich anspruchsvoller.

Die eigene Vergangenheit zu überwinden oder sie so zu integrieren, dass sie nicht wie eine Hypothek auf unseren Schultern lastet, ist dafür die entscheidende Voraussetzung. Das geht nicht, ohne dass wir zunächst einmal die blockierenden Programme überhaupt entdecken. Wie beim PC laufen sie oft und meist unbemerkt im Hintergrund einfach mit und fressen Ressourcen.

Nun ist es bekanntlich leichter, solche versteckten Programme bei anderen Menschen wahrzunehmen, als bei sich selbst. Auch dafür kann wieder unser Pharisäer als Modell herhalten. Seine Empörung über die Sünderin ist so ein Programm, ebenso wie seine Häme über die fehlende Allwissenheit von Jesus. In diesem Gleichnis verkörpert er den Prototyp jener Menschen, denen es an jedweder selbstkritischen Reflektion fehlt. Bevor wir uns nun selbstgefällig zurücklehnen, sollten wir bedenken, dass jeder von uns auch diesen „Virus“ in sich trägt. Irgendwann in unserem Leben sind unsere Programme für uns so normal geworden, dass wir sie weder als etwas Besonderes, noch als Blockade empfinden, so dass wir gar keinen Grund mehr erkennen zur selbstkritischen Reflexion.

Unser Gehirn ist natürlich zunächst einmal in guter Absicht so konzipiert, wenn es versucht, immer wieder Erfahrungen in vergleichbare Schubladen oder so genannte Cluster einzusortieren. Denn damit vereinfachen wir uns die Erfahrung der Wirklichkeit, weil wir dann nicht mehr jeden Impuls, jede Wahrnehmung völlig neu bearbeiten müssen. Weil das so schön praktisch und vereinfachend ist, verlassen wir uns im Laufe unseres Lebens immer mehr auf die vorgegebenen Programme in unserem Hirn. Allerdings werden wir dabei auch immer abhängiger und unfreier.

Mit einem „Reset" zurück zum unbekümmerten Geist

Eine permanente, selbstkritische Analyse unserer inneren Programme ist deshalb sehr hilfreich. Am besten wäre es natürlich, wir könnten gelegentlich einen vollständigen „Reset" bewirken. Es wäre doch nicht schlecht, wenn unser Geist einmal wieder ganz frisch und unbekümmert und unbefangen von vorne anfangen könnte, oder? Und wenn wir dabei die blockierenden Programme entfernen und ausschließlich die fördernden Ressourcen weiterhin nutzen könnten, hätten wir sicherlich das Optimum erreicht. Vermutlich würde uns dieser Zustand ausgezeichnet in die Lage versetzen, offen und insbesondere mit Wohlwollen auf andere Menschen zuzugehen. Wir gehen einmal davon aus, dass Jesus genau in diesem Modus unterwegs war. Hätte er sich sonst überhaupt von diesem Pharisäer einladen und sich von einer namenlosen „Sünderin" die Füße waschen lassen?

Wenn wir allerdings jetzt versuchen wollten, diese Haltung einfach nachzuahmen, wäre das weder authentisch noch sinnvoll. Man kann eine solche Einstellung nicht „machen", sie muss sich ergeben. Und sie ergibt sich dann am besten, wenn wir unsere Fixierungen zunächst wahrnehmen, um sie dann loslassen zu können. Allerdings können wir auch etwas dazu beitragen, damit sich dieser Prozess vollzieht. Sicher kennen Sie das Schnick-schnack-Spiel: „Stein schleift Schere, Schere schneidet Papier" und so weiter. Hier wird die Dominanz bestimmter Gegenstände in ihrem Verhältnis zueinander spielerisch dargestellt. Auch in unseren inneren Programmen können wir diese Dominanz herstellen, bei der gewünschte Eigenschaften weniger sinnvolle in den Hintergrund verlagern. Freude, Dankbarkeit oder Wohlwollen heißen solche Programme, mit denen blockierende Muster wie Neid, Gier oder Ablehnung überlagert oder sogar gelöscht werden können. Natürlich ist das eine ziemliche Programmierarbeit und weder Jesus noch tausend fleißige Inder werden sie uns abnehmen können. Dafür steht am Ende dann aber unser individuelles, ganz persönliches Programm. Das ist doch auch ein schöner Luxus, oder?

Erfolgreich verkaufen: Wer viel gibt, bekommt auch viel

Nun müssen wir uns natürlich wieder mit der Praxistauglichkeit dieser Überlegungen auseinandersetzen. Bleiben wir dazu noch einmal beim Beispiel eines Verkäufers. Auch die Inhaberin der Partnervermittlungsagentur will ja etwas verkaufen, nämlich eine Dienstleistung. Kaufen und verkaufen sind die zentralen Tätigkeiten im Geschäftsleben. Bringt es also etwas, wenn ein Verkäufer (oder eine Verkäuferin) wohlwollend, ja sogar liebevoll, mit Kunden umgeht? Nun, zunächst wäre das vor allem gut für den Verkäufer (die Verkäuferin) selbst. Denn stellen Sie sich einmal vor, Sie wären so eine Person und Sie wären zugewandt, wohlwollend, liebevoll. Mit dieser Haltung würden Sie sich doch bestimmt besser fühlen, als wenn Sie mürrisch, abweisend oder lustlos wären.

Ich ahne schon die Frage, die jetzt kommt: Aber bringt es auch etwas für das Geschäft? Personalchefs, die auf der Höhe der Zeit sind, werden es sicher bestätigen, dass das Geschäft profitiert, wenn die Angestellten „gut drauf" sind. Konventionell betrachtet hat jedoch dieses Setting auch seine Schattenseiten. Wenn eine Kundin auf die wohlwollende Frage „Was kann ich für Sie tun?" nichts anderes im Sinn hat als einmal ihr Herz auszuschütten, dann wird der zugewandte Verkäufer das freundlich ertragen. Das kann jedoch viel Zeit kosten und wird die Abschlussquote, also die Umsätze, die der Verkäufer pro Tag erzielen kann, nach unten drücken. Erst wenn *alle* in diesem Modus arbeiten, dann wäre dies zumindest kein Problem mehr für den Einzelnen. Macht es jedoch die Firma insgesamt wettbewerbsfähiger?

Natürlich ist ein Callcenter nicht die Telefonseelsorge oder die Heilsarmee, und dennoch macht es tatsächlich Sinn, den Kunden konsequent in den Mittelpunkt zu stellen. Viele Firmen glauben zwar, das wäre bei ihnen ohnehin der Fall, in der Praxis steht jedoch häufiger der Verkäufer mit seinen Problemen im Mittelpunkt. Das ist dann ein interner Konstruktionsfehler des betroffenen Unternehmens, denn es geht natürlich auch anders. Jeder kennt doch diesen Typ Verkäufer, von dem man hinterher auf der Party erzählt: „Da hatte ich doch mal wirklich einen super Verkäufer, der ist auf mich eingegangen, hat mich wirklich beraten und mir sogar ein günstigeres Produkt verkauft, als ich ursprünglich haben wollte." In solchen Fällen erkennen wir rasch, dieser Mensch war auf Geben programmiert, weil er weiß, dass daraus das Nehmen von selbst entspringt.

Es ist eine einfache Bilanz. Je mehr wir geben, desto mehr springt für uns dabei heraus. Jesus lässt den Pharisäer Simon dieses Prinzip am Beispiel der Löschung der beiden Schuldbeträge selbst herausfinden: Derjenige, dem du am meisten gegeben hast, wird dich am meisten lieben. Es gab übrigens immer mal Zeiten, in denen dieser Grundsatz auch im Wirtschaftsleben üblich war. Das hieß dann „do ut des": Tue Gutes, damit dir Gutes getan wird. Das Schönste jedoch, was wir geben oder besser schenken können, ist Liebe. Sie hat außerdem den Vorteil, dass sie ein unendlich nachwachsender Rohstoff ist.

Denn die Werke heiligen nicht uns,
sondern wir sollen die Werke heiligen.

Meister Eckhart

30-Sekunden-Übung: Den Herz-Punkt berühren

Führen Sie die Finger Ihrer linken Hand zur Mitte Ihres Brustraumes. Wenn Sie dort die Fingerspitzen aufsetzen, können Sie Ihr Brustbein spüren. Das ist der kräftige Knochen, der Ihre Rippen verbindet. Setzen Sie die Fingerspitzen in Reihe untereinander ganz sanft, ohne besonderen Druck auf, aber so, dass Sie die Finger deutlich spüren können. Es kann sein, dass Sie diese Berührung im ersten Moment als unangenehm empfinden. Versuchen Sie dennoch, sich für mindestens 30 Sekunden auf diese Erfahrung einzulassen – am besten, bis Sie spüren, dass Ihr Brustpanzer beginnt, sich zu öffnen. Mit ein wenig Übung werden Sie dabei auch Ihr Herz wahrnehmen können und wie es – spontan oder später – ein wenig ruhiger und entspannter schlägt.

Der Herzinfarkt ist nicht ganz zufällig eine weit verbreitete Managerkrankheit. Er wird nicht nur durch eine genetisch bedingte Veranlagung gefördert, sondern vor allem durch einen zu wenig herzlichen Umgang mit den Dingen. Auch hier führt wieder ein an sich sehr sinnvoller Schutzmechanismus, in diesem Falle für das Herz, zum Gegenteil, wenn er überstrapaziert wird. Insbesondere Menschen mit einem hohen Verantwortungsgefühl „nehmen sich alles sehr zu Herzen". Sie versuchen dann, Probleme auf der Sachebene zu lösen, die eigentlich ein „weites Herz" brauchen. Stattdessen wird das Herz immer mehr angespannt und zur Leistung getrieben.

Diese Übung wirkt auf zwei Ebenen: Sie fördert den bewussten Zugang zu unserem Herzen und lässt uns dadurch leichter berücksichtigen, was uns im Herzen bewegt. Die Berührung wiederum kann die Verklammerung des Brustraums und die Angespanntheit des Herzens spürbar mildern. Ein Unbehagen bei der Übung oder gar Widerstand sind Zeichen dafür, dass die Verfestigung schon weit fortgeschritten ist. In diesem Falle ist es empfehlenswert, die Übung immer wieder neu und mehrfach am Tag zu praktizieren. Und das ist sehr leicht möglich, beim Telefonieren, während einer Sitzung, im Zug oder Flugzeug.

Die Berufung des Levi und das Mahl mit den Zöllnern

Und danach ging er hinaus und sah einen Zöllner mit Namen Levi am Zoll sitzen und sprach zu ihm: Folge mir nach! Und er verließ alles, stand auf und folgte ihm nach. Und Levi richtete ihm ein großes Mahl zu in seinem Haus, und viele Zöllner und andre saßen mit ihm zu Tisch. Und die Pharisäer und ihre Schriftgelehrten murrten und sprachen zu seinen Jüngern: Warum esst und trinkt ihr mit den Zöllnern und Sündern? Und Jesus antwortete und sprach zu ihnen: Die Gesunden bedürfen des Arztes nicht, sondern die Kranken. Ich bin gekommen, die Sünder zur Buße zu rufen und nicht die Gerechten.

(Lukas 5,27-32)

Von den ungleichen Söhnen

Was meint ihr aber? Es hatte ein Mann zwei Söhne und ging zu dem ersten und sprach: Mein Sohn, geh hin und arbeite heute im Weinberg. Er antwortete aber und sprach: Nein, ich will nicht. Danach reute es ihn und er ging hin. Und der Vater ging zum zweiten Sohn und sagte dasselbe. Der aber antwortete und sprach: Ja, Herr!, und ging nicht hin. Wer von den beiden hat des Vaters Willen getan? Sie antworteten: Der erste. Jesus sprach zu ihnen: Wahrlich, ich sage euch: Die Zöllner und Huren kommen eher ins Reich Gottes als ihr.

(Matthäus 21,28-31)

6

Gerechtigkeit beginnt im Hier und Jetzt

Warum Querdenker für Unternehmen so wichtig sind

Stellen Sie sich vor, Sie sind der Playboy in der Firma. Ihr Charme ist wirklich überwältigend, was nicht nur Ihre Kolleginnen so wahrnehmen; selbst die männlichen Kollegen erkennen das ein wenig neidvoll an. Als Sie neulich in der Bereichsleitersitzung dem Vorstand, der das Meeting leitete, sagten: „Das ist aber ein ziemlicher Scheiß", ist die ganze Runde zwar im Sessel ein Stück tiefer gerutscht, aber selbst das hat Ihnen der Vorstand lediglich mit einem leichten Hochziehen der Augenbrauen quittiert. Auch wenn Sie gelegentlich bei Kolleginnen in einem Gespräch kleine erotische Anmerkungen einstreuen, hat das niemals zu ernsthaften Konsequenzen geführt. Erst als Sie dann einmal einem ewig quengelnden Großkunden sagten, er möge doch lieber mit dazu beitragen, die Probleme in seinem eigenen Laden zu lösen, als ständig nur herumzunörgeln, wurden Sie zum Vorstand zitiert. Der hat Ihnen dann mitgeteilt, dass Sie, bei aller Anerkennung Ihrer Verdienste, hier doch zu weit gegangen seien und dass es wohl besser wäre, na ja, ähm ... Sie verstehen ...? Ja, Sie haben verstanden und sind gegangen. Der motzige Großkunde hat Sie dann überraschend als Leiter der Qualitätskontrolle eingestellt, mit Dienstwagen und einem ordentlichen Aufschlag auf Ihr Gehalt. Inzwischen fahren Sie gelegentlich – immer gut gelaunt – bei Ihrer früheren Firma vor, um von der anderen Seite aus nach dem Rechten zu sehen.

Das Leben ist wirklich ungerecht. Das wusste schon Walt Disney. Seine Figuren spiegeln es auf tragikomische Weise. Da gibt es zum Beispiel Onkel Donald, der sich stets redlich bemüht, aber immer nur Pech hat. Und da ist Gustav Gans, ein arroganter, aufgeblasener Pinsel, der, was immer er anstellt, auf der Gewinnerseite steht. Der Reiz dieser Comicfiguren liegt natürlich darin, dass wir sie im richtigen Leben laufend wiederfinden. Dass es im Leben nicht wirklich gerecht zugeht, wissen wir natürlich alle, wir wollen es nur nicht gerne wahrhaben. Deshalb trösten wir uns mit allerlei Ordnungsprinzipien, die wir Gebote, Gesetze oder auch Common Sense nennen. Wenn die Reichen immer reicher werden, wird dies (am liebsten natürlich von den Reichen) durch entsprechende Gesetze und Verordnungen geregelt. Damit will ich nichts gegen das Reichwerden sagen, sondern lediglich den Mechanismus aufdecken, der bei diesen Vorgängen am Werke ist.

Ungerechtigkeit ist nur eine Frage der Perspektive

Es ist für uns alle schwer, mit den Ungerechtigkeiten in der Welt – und sicher auch mit denen in unserem persönlichen Leben – umzugehen. Warum nagen die Menschen in Nordkorea am Hungertuch, während in Südkorea die Wirtschaft boomt? Warum werden in manchen Regionen junge Mädchen beschnitten, während woanders bereits Achtzehnjährige Schönheitsoperationen erhalten? Warum wird das eine Kind in eine intakte Familie mit liebevollen, wohlhabenden Eltern hineingeboren, während das andere Kind verwahrlost oder hungernd in Slums aufwächst? Warum bekommt meine Kollegin den interessanten Job, den ich doch viel lieber gehabt hätte?

Sie können diese Liste bis ins Unendliche fortsetzen. Je nach Grad unserer persönlichen Betroffenheit nennen wir diese Ungereimtheiten dann entweder Ungerechtigkeiten oder Schicksal oder „genau richtig so“. Wenn die Menschen in Afrika in einer Kette tragischer Umstände unterzugehen drohen, dann ist das für die einen „kein Wunder", für die anderen möglicherweise sogar ein „Fingerzeig Gottes". So richtig erklärbar ist es mit den üblichen Kategorien jedenfalls nicht.

Es geht allerdings auch anders. Wenn Sie beispielsweise den Partner, den Sie glauben, dringend haben zu müssen, partout nicht finden (und auch die Partneragentur aus dem vorigen Kapitel Ihnen nicht helfen konnte), dann können Sie das als „Verrat des Schicksals" an sich selbst betrachten oder aber ihre Bemühungen um Erfolg verdoppeln. Beides wird nicht sonderlich gut helfen. Im einen Fall verursacht das nur schlechte Gefühle, im anderen Fall negativen Stress. Wie jedoch können wir dann damit umgehen?

Der Ausgleich ist immer zum Greifen nahe

Bei Jesus bekommen die Ungerechtigkeiten sogar Methode. Wenn er sagt, dass die Zöllner und Huren eher in das Himmelreich kommen als die wohlanständigen Schriftgelehrten, stellt er die gängigen Prinzipien einfach auf den Kopf. Dass dieser Mensch nicht gerade zimperlich mit den damaligen Konventionen umgegangen ist, können wir in diesem Buch bei jeder unserer Jesus-Geschichten erkennen. Also werden wir auch in diesem provokanten Verhalten von Jesus den Schlüssel zum Verständnis seiner Botschaften finden. Es muss etwas mit den Gegensätzlichkeiten an sich zu tun haben. Da jedoch die ganze Schöpfung, bei allem vordergründigen Chaos, nur in bestimmten Gesetzmäßigkeiten überhaupt funktioniert (weil sonst alles in der völligen Beliebigkeit des Chaos untergehen würde), müssen sich auch die vermeintlichen Ungerechtigkeiten und Ungereimtheiten in grundlegenden Prinzipien auflösen lassen.

Das einfachste Grundprinzip des Universums ist die Dualität, nach der es null und eins gibt, oben und unten, rechts und links und so weiter. Tatsächlich, wenn wir dieses Prinzip konsequent auf alle scheinbaren Ungerechtigkeiten anwenden, dann werden sich diese rasch auflösen lassen. Denn alles das, was uns als ungerecht erscheint, kann es nur geben, wenn es auch die andere Seite, das duale Gegenstück, dazu gibt. Ohne Plus kein Minus. Diese Wirklichkeit hat man früher Himmel genannt, nämlich den „Ort“, an dem das Gleichgewicht wiederhergestellt wird. Konsequenterweise musste es auch die Hölle geben. Nun können Sie für sich überlegen, ob Sie derzeit eher im Himmel oder in der Hölle leben.

Das ganze Leben beruht auf einer sehr plausiblen Bilanzrechnung. Das Besondere an einer Bilanz ist ja, dass sie am Ende immer stimmig sein muss. So ist das auch in dem, was wir als Wirklichkeit erfahren. Hier sorgt das System, das Sie Welt oder Universum oder Sein nennen können, mit großer Verlässlichkeit für den bilanziellen Ausgleich. Dieses System können Sie als gnadenlos, je nachdem auf welcher Seite Sie sich gerade befinden, oder als höchst Trost spendend empfinden.

Licht und Schatten – Die Kunst des inneren Bilanzausgleichs

Bevor wir uns jedoch völlig in der Metaphysik verlieren, kehren wir rasch zu unseren praktischen Beispielen zurück. Die Wahrscheinlichkeit ist ziemlich groß, dass Sie nicht so ein Sunnyboy (oder ein Sunnygirl) wie der Held unserer Business-Geschichte sind und nicht als ewiger Sieger beziehungsweise ewige Siegerin durch das Leben getragen werden. Vielleicht sind Sie eher ein ganz alltäglicher Zöllner oder eine ganz normale Hure (um das mal mit den drastischen Worten Jesu zu sagen), jedenfalls sind Sie vermutlich ein Mensch, der sich immer wieder mit seinem Nicht-perfekt-Sein, mit seinen kleinen und größeren Lügen und Täuschungen, mit seinem Versagen und mit seinen Eigenwilligkeiten durch das Leben hangelt. Wie schön, denn dann sind Sie tatsächlich auf der richtigen Seite. Sie können aufatmen, weil die andere Seite, auf der alles in Ordnung ist, folgerichtig schon auf Sie wartet, denn, Sie erinnern sich: „Nicht die Gesunden bedürfen des Arztes, sondern die Kranken.“

Wenn Sie jedoch weder Lust noch Zeit haben, auf die ausgleichende Gerechtigkeit im Jenseits zu warten, was machen Sie dann? Schließlich ist auch Jesus mit dem Zöllner Levi zum Essen gegangen und hat ihn nicht auf das Jenseits vertröstet. Wir müssen also auch im Hier und Jetzt die Chance haben, unsere Bilanz auszugleichen. Und tatsächlich, darum bemühen wir uns ja ohnehin unentwegt, wenn wir beispielsweise versuchen, unsere Schattenseiten zu unterdrücken oder sie zumindest in Schach zu halten. Das ist jedoch ein ziemlich anstrengendes und meistens kontraproduktives Unterfangen. Sie kennen das: je mehr Sie sich bemühen, ehrlich zu sein, desto häufiger werden Sie sich beim Lügen ertappen. Oder: Je mehr Sie *nicht* mehr rauchen wollen, desto größer wird das Verlangen.

Im Äußeren können Sie auf diese Weise meist wenig erreichen, denn unsere Bilanz muss als Allererstes im Inneren ausgeglichen werden. Mit anderen Worten: Es wäre das Beste, wenn wir selbst ausgeglichen wären. Denn wenn wir das sind, ist das Risiko nicht so groß, dass das Schicksal uns gegenüber die Ausgeglichenheit erzwingt. Tatsache ist – so wie in der Physik beim Gesetz der Entropie: Jeder Spannungszustand der Unausgeglichenheit wird ohnehin irgendwann und irgendwie zu Ende gehen. Was spricht also dagegen, nicht auf das Schicksal zu warten, sondern soweit möglich selbst dazu beizutragen?

Wenn der Chef zu Ihnen sagt: „Ich habe da eine unangenehme Aufgabe, können Sie mir dabei helfen?“, dann gehören Sie nur dann zu den Ausgeglichenen, wenn Sie das gerne, ohne Widerstand und mit positivem Gefühl machen. Sie gehören aber auch zu den Ausgeglichenen – erstaunlich genug – wenn Sie „Ja, das mache ich“ antworten und es dann doch nicht tun, dabei aber mit sich selbst im Reinen sind. Sie meinen, das geht nicht? Was immer Sie tun, wenn Sie dabei nur wirklich authentisch sind, erfordert es keinen schicksalhaften Ausgleich. Meister Eckhart hat das einmal so umschrieben: „Sündigen, das ist nicht Sünde, sündigen *wollen* ist es.“

Querdenken oder einfach „das Richtige" tun

Vordergründig mag das wie eine faule Ausrede für alle Drückeberger, Schwindler und Unanständige klingen. Das liegt jedoch nur daran, dass diese Menschen schlicht aus unserem Ordnungsraster herausfallen. Jemand, der innerlich wirklich ausgeglichen ist, wird immer das Richtige tun, auch wenn es im Äußeren nicht zu passen scheint. Im Wirtschaftsleben nennen wir solche Menschen im besten Falle „Querdenker". Wenn eine Firma innerlich gut drauf ist, fördert sie solche Typen. In Unternehmen dagegen, in denen Ordnungsprinzipien einen hohen Stellenwert haben, das ist vor allem bei Behörden und Konzernen der Fall, wird das Querdenken stets unterdrückt. Die Folge davon ist eine niedrige Innovationsleistung. Diese wiederum führt dazu, dass solche Betriebe erstarren und – wenn sie dem freien Wettbewerb ausgesetzt sind – daran zugrunde gehen.

Viele Institutionen – je größer desto eher – neigen dazu, Probleme auf konventionelle Weise lösen zu wollen. Konventionell heißt hier durch die Mobilisierung großer Mengen von Energie in Form von Kapital und Manpower. Wie wir in der Wirtschaftswelt sehen können, führt das durchaus zu erstaunlichen „Erfolgen". An die damit verbundene gigantische Ressourcenverschwendung haben wir uns so sehr gewöhnt, dass wir sie bereits als normal empfinden. Dass kleinteilige, flexiblere Wirtschaftseinheiten meistens erheblich effizientere Leistungen erbringen, kann man am Erfolg des deutschen Mittelstandes ablesen. Kluge Konzernführer versuchen deshalb auch, eine mittelständische Struktur in ihrem Unternehmen wirksam werden zu lassen.

Auch in der Natur finden wir die beiden sich diametral gegenüberstehenden Methoden zur Problemlösung. Die eine, die gewaltsame, kennen wir in Form von Naturkatastrophen, Epidemien oder galaktischen Zusammenbrüchen. Die andere löst Probleme durch schöpferische Prozesse, im unentwegten „try and error". Auf das Management übertragen, können Sie jetzt selbst herausfinden, welche Führungskraft zu welchem Problemlösungskonzept tendiert. Und Sie können natürlich auch entscheiden, zu welcher Gruppe Sie persönlich gehören wollen.

Können Sie das wirklich?

Möglich ist das nur, wenn Sie ausgeglichen sind, wenn Sie also das, was zu gewaltsamen Problemlösungen führt, nämlich die Kumulation von Spannung, bereits im Vorfeld sinnvoll kanalisieren konnten. Wenn Sie also Ihr energetisches Potenzial schöpferisch nutzen können, dann vermeiden Sie den Druckaufbau, der zwangsläufig irgendwann eine gewaltsame Auflösung erfordert. Und Entspannung kann jeder lernen.

Erst in der Entspannung können wir sehen, wer wir wirklich sind. Wenn Sie zum Beispiel dabei entdecken, dass Sie innerlich ein Winner-Typ sein *müssen,* oder wenn Sie innerlich davon überzeugt sind, Sie wären ein Loser-Typ, dann können Sie nicht ausgeglichen sein. Wenn Sie jedoch innerlich ausgeglichen sind, ist es Ihnen egal und Sie können so sein, wie Sie wollen, unabhängig davon, wie Ihre Umwelt das klassifiziert. Erst in diesem Augenblick erfahren wir die innere Freiheit, die mit großer Wahrscheinlichkeit das zentrale Anliegen von Jesus gewesen sein dürfte.

Mut ist oft ein Mangel an Erkenntnis,
während Feigheit meistens
auf guten Informationen beruht.

Sir Peter Ustinov

30-Sekunden-Übung: Die Augen baden

Am besten legen Sie sich bequem auf den Rücken. Sie können die Übung auch im Sitzen durchführen; dann sollten Sie darauf achten, dass Sie aufrecht sitzen und die Schultern entspannt sind. Bilden Sie mit ihren Fingerspitzen einen kleinen Kreis, wie die Spitze einer kleinen Krone. Schließen Sie die Augen und führen sie diese kleine Krone vorsichtig um den Augapfel – die der rechten Hand zur rechten Augenhöhle, die der linken Hand zur linken Augenhöhle. Achten Sie sehr darauf, keinen Druck auszuüben, sondern nur eine ganz sanfte Berührung. Der Augapfel sollte frei beweglich bleiben. Spüren Sie dann für 30 Sekunden in die Dunkelheit hinein. Führen Sie danach langsam und bewusst die Hände zurück, lassen Sie die Augen noch einige Atemzüge geschlossen, um das entspannte Gefühl wirklich genießen zu können.

Mit den Augen sorgen wir dafür, dass uns nichts entgeht. „Wach bleiben" heißt die Devise. Die Folge davon ist jedoch, dass wir nicht nur physisch die Augen immer mehr anspannen müssen, sondern dass dabei auch im übertragenen Sinne unser Blick immer starrer wird. Viele Unternehmen geraten nur allzu leicht in diese Falle. Sie starren dann wie fixiert auf die Wettbewerber, die Kosten, die Analysten, die Medien, die Gewerkschaften. Das führt zu einer erheblichen Einseitigkeit und auf Dauer zu Ermüdung. Erst wenn es uns persönlich, aber genauso gilt das für Unternehmen, möglich wird, die Dinge mit „einem weichen Blick" ansehen zu können, werden wir Zusammenhänge erkennen, die oft viel einfachere Problemlösungen ermöglichen, als wenn wir uns in einem Zustand der Fixierung befinden.

Die Tempelreinigung

Und sie kamen nach Jerusalem. Und Jesus ging in den Tempel und fing an auszutreiben die Verkäufer und Käufer im Tempel; und die Tische der Geldwechsler und die Stände der Taubenhändler stieß er um und ließ nicht zu, dass jemand etwas durch den Tempel trage. Und er lehrte und sprach zu ihnen: Steht nicht geschrieben (Jesaja 56,7): „Mein Haus soll ein Bethaus heißen für alle Völker?“ Ihr aber habt eine Räuberhöhle daraus gemacht. Und es kam vor die Hohenpriester und Schriftgelehrten, und sie trachteten danach, wie sie ihn umbrächten. Sie fürchteten sich nämlich vor ihm; denn alles Volk verwunderte sich über seine Lehre.

(Markus 11,15-18)

7

Was hat der bloß gegen Händler?

Die Kraft der Ausgeglichenheit fürs Business nutzen

Es ist Ihr erster größerer Auslandseinsatz, natürlich eine große Chance für Ihre Karriere, aber auch ein Risiko. Denn die Niederlassung in London, um die es geht, gilt seit langem als schwierig. Jetzt sollen Sie dort aufräumen. Als Sie eintreffen, erfahren Sie, dass man Sie schon „sehnsüchtig" erwartet. Im hauseigenen Intranet kann man über Sie den Satz lesen: „The German Schäferhund will take care." Die Situation ist also ziemlich angespannt. Es fällt Ihnen jedoch relativ leicht, nach wenigen Tagen die größten Quertreiber in der Niederlassung zu identifizieren: den Leiter des Rechnungswesens und die Personalchefin. Sollten Sie also dem Klischee folgen und gleich hart durchgreifen? Sie lassen sich vier Wochen Zeit. Dann halten Sie in einer Mitarbeiterversammlung eine gut vorbereitete Rede, in der Sie alle Schwachpunkte und Lösungsmöglichkeiten aufführen. Das Wichtigste ist Ihnen dabei der Teamgeist. Am Beispiel Europas zeigen Sie den Mitarbeitern auf, wie viele unterschiedliche Identitäten zum Nutzen aller zusammenarbeiten können. Zum Schluss schlagen Sie denjenigen, die an einer solchen Kooperation keine Freude haben, vor, sich doch besser einen anderen Arbeitsplatz zu suchen. Dann schweigen Sie 60 Sekunden lang und warten ab. Das ist eine lange Zeit, und es wird schrecklich still im Raum. Niemand meldet sich. Nach dieser Versammlung bitten Sie dann die beiden Quertreiber einzeln zu sich – und kündigen ihnen fristlos. Das hat Ihre Firma zwar viel Geld gekostet, ist die Sache, wie Sie inzwischen wissen, jedoch mehr als wert. Seitdem ist die Entwicklung nämlich so gut, dass die Niederlassung London und Sie persönlich beim jüngsten Treffen der Auslandchefs lobend erwähnt wurden.

Bekanntlich leben wir in der Zeit von „twentyfour/seven", also rund um die Uhr. Das ist eine typisch amerikanische Erfindung, erscheint dort meist als 24/7 und meint die uneingeschränkte Verfügbarkeit, zum Beispiel von Einkaufszentren, den ganzen Tag, die ganze Nacht, die ganze Woche, das ganze Jahr. Wir alle sind auf diesem Trip, dass alles sofort in Erfüllung gehen muss – so wie Kinder, die nicht warten können. Die alltägliche Erfahrung bestätigt uns allerdings auch darin. Ist es nicht erstaunlich, dass selbst in einer Kleinstadt jedes Medikament, und sei es noch so exotisch, innerhalb von wenigen Stunden erhältlich ist? Oder dass wir in jedem mittleren Einkaufszentrum so elementare Dinge wie beispielsweise Nähgarn, Filzstifte und Socken in allen Größen und Farben bekommen können? Angenehm ist es sicher auch, dass wir uns bei einer zunehmenden Zahl von Hotlines jederzeit Hilfe holen können. Wenn dagegen irgendwann einmal ein Produkt nicht „just in time" zu bekommen ist, dann beschweren wir uns sofort bei der nächsthöheren Instanz.

Und die Sehnsucht wird doch nie erfüllt

Natürlich ist es schön, wenn alles sofort möglich ist, so als ob jeder von uns nur den wundersamen Geist in der Flasche zu beauftragen hätte. Der schafft es ja auch problemlos, die schöne Sultanstochter sofort herbeizuschaffen. Ohne Zweifel ist es eine alte Sehnsucht, nicht warten zu müssen. Und wer diese Sehnsucht auch nur annähernd erfüllt, kann daraus, wie wir überall auf der Welt sehen können, ein gutes Geschäft machen.

Das ist auch in Ordnung so. Wir müssen nur wissen, dass die Erfüllung dieser Sehnsucht ihren Preis hat. Wir zahlen diesen sogar doppelt, denn da unsere Sehnsucht niemals wirklich endgültig erfüllt werden kann, bleibt immer noch irgendetwas übrig, das nicht sofort verfügbar ist. Und genau dieser Sachverhalt führt zu einer Eskalation der Geschwindigkeit. Nicht nur Warenlieferungen, ganze Vorgänge, sogar Beziehungen müssen rasch erfüllt werden. In fast allen Firmen kann man diesen Trend beobachten. Für nichts ist mehr wirklich Zeit: Alles muss schnell, mal eben, bitte sofort passieren. Die Folge davon ist eine dramatisch steigende Einseitigkeit im Denken und Handeln – und das nicht nur im Business. Diese Tendenz führt konsequenterweise zu einem Verlust an Ruhe. Wenn für nichts mehr Zeit ist, wird immer Betriebsamkeit herrschen, denn für Stille ist dann am allerwenigsten Zeit.

Nun könnten Sie einwenden: „Meine Firma ist doch kein kontemplativer Orden." Wohl wahr. Die Folgen dieser allgemeinen Verschleunigung sind jedoch auch wirtschaftlich betrachtet gravierend. Die Fehler- und Reklamationsquote wird zwangsläufig steigen mit dem Ergebnis von Doppel- und Mehrarbeit. Das wiederum verursacht Kosten, die die Wettbewerbsfähigkeit eines Unternehmens verringern werden. Über eine „Entschleunigung" in den Unternehmen – und natürlich auch in unserem Leben – nachzudenken, ist deshalb keineswegs esoterischer Luxus. Die Szene, die sich im Tempel von Jerusalem abspielte, trägt die gleichen Muster. Viele Menschen haben viele Bedürfnisse, und die Aufgabe von Händlern ist es ja gerade, diese Bedürfnisse möglichst rasch und umfassend zu bedienen. So funktionierte das Gesetz von Angebot und Nachfrage natürlich auch im Tempel – wenn man es denn zulässt. Das ist übrigens heute in den weitgehend von den Touristen gerne besuchten Kirchen nicht anders. Wir alle kennen den Devotionalienrummel an den beliebten Wallfahrtsorten.

Wie Stille Unternehmen fit macht

Seit einiger Zeit versuche ich, die Teilnehmer an Sitzungen dazu zu bewegen, zu Beginn eine Minute still zu sein. Wann immer das bisher möglich war, konnte ich die Erfahrung machen, dass sich diese Einstimmung auf den Verlauf der Sitzung ausgesprochen positiv auswirkte. Es entstand eine eher konstruktive Atmosphäre, wir kamen schneller auf den Punkt und die Abschweifungen vom Thema hielten sich in Grenzen. Was will ich damit sagen? Wenn alle nur rennen und ich auch, dann merke ich gar nicht mehr, dass es auch andere, vielleicht viel bessere Möglichkeiten gibt, ans Ziel zu kommen. Clevere Marketingmanager haben die Not der gehetzten Menschen natürlich erkannt und Produkte dazu entwickelt. „Have a break", ruft dann so ein Schokoriegel, um zu suggerieren, dass sich das Problem permanenter Hektik mit ein paar Kohlenhydraten lösen ließe. Aber immerhin, wenn es denn zu einer Pause führt ... vielleicht ist diese Pause irgendwann einmal der Einstieg für einen richtigen Break.

Deshalb ist die Frage berechtigt, warum wir uns das, was offensichtlich für uns und für die Sache gut ist, nicht wirklich leisten? In der Tat ist es (noch) ein wenig merkwürdig, ein Meeting mit einer Minute Stille zu beginnen. Oder stellen Sie sich vor, in Ihrer Abteilung würde jeden Morgen 15 Minuten meditiert. So etwas wirkt schräg. Wenn wir während der Arbeitszeit essen und trinken, um uns körperlich wieder fit zu machen, dann ist das normal und gesellschaftlich akzeptiert. Wenn wir das Gleiche tun, um uns seelisch und geistig wieder zu stärken, ist das heute noch sehr schwer vorstellbar. Immerhin hatte schon 1954 der damalige UN-Generalsekretär, der Schwede Dag Hammarskjöld, in der UN-Hauptverwaltung einen Raum der Stille einrichten lassen. Und ich kenne Firmen, in denen es heute so etwas auch gibt.

Yin und Yang oder die Stärke des Sowohl-als-auch

Noch einmal die Frage: Warum haben wir eine so große Scheu, wenigstens einmal kurz aus dem sich immer schneller drehenden Hamsterrad auszusteigen? Die Hartnäckigkeit, mit der dies vor allem in sehr businessorientierten Gesellschaften vermieden wird, weist darauf hin, dass hier ein grundlegendes Hindernis vorliegt. Eine zentrale Eigenschaft, vor allem in den erfolgreichen Wirtschaften, ist das Erfolgsstreben. Dies ist jedoch ein vor allem männlich geprägter Aspekt des Daseins. Bereits in der männlichen Sexualität ist der Wunsch, schnell zum Erfolg zu kommen, genetisch eingeprägt. Es bedurfte erheblicher Aufklärungsarbeit, bis sich allmählich die Erkenntnis durchsetzte, dass es da auch noch eine andere Seite gibt, nämlich eine weibliche, die des Geschehenlassens, altmodisch Hingabe genannt.

Ohne Zweifel ist das Business im Leben noch eine letzte Bastion, in der sich typisch männliche Aspekte einseitig entfalten können. Im Islam muss übrigens für den gleichen Zweck der Fundamentalismus herhalten. Unter dem Vorwand religiöser Bestimmungen wird hier versucht, die männliche Dominanz festzuschreiben. Nun könnte man ins Grübeln kommen, warum auch im Westen in nahezu allen Führungspositionen Männer das Sagen haben. Das männliche Prinzip steht eben für das Machen, das Treiben, das Durchsetzen. Typisch weibliche Aspekte sind dagegen beispielsweise empfangen, nähren, kommunizieren.

Auch wenn wir ahnen, dass die männlich geprägte Einseitigkeit in unserer Welt nicht lange gutgehen kann, so sind die Beharrungskräfte – wie wir überall sehen können – enorm. In der Wirtschaft zeigt sich das unter anderem in einem permanenten Alarmzustand. Entsprechend ist Kriegsvokabular in Führungsetagen sehr beliebt. Da werden Märkte erobert, Wettbewerber angegriffen oder Siege gegen die Gewerkschaft errungen. In solchen Kriegen ist keine Zeit mehr, um Dinge reifen oder sich einfach von selbst ergeben zu lassen. Alles muss „gemacht“, gemanagt werden. Zum dritten Mal: Warum ist das so? Jesus war ganz offensichtlich ein Mann, der viele weibliche Aspekte zulassen und integrieren konnte. Heute würde man zu so einem Typ „Softie“ sagen. Dagegen spricht jedoch seine gelegentlich aufspringende Radikalität: „Ich bin gekommen, ein Feuer anzuzünden auf Erden; was wollte ich lieber, als dass es schon brennte!“ Auch die Geschichte, in der er mit großer Entschiedenheit im Tempel für Ruhe sorgte, zeigt erheblich männliche Qualitäten.

Mit Entschiedenheit auch abwarten können

Vielfach besteht ja die Befürchtung, dass der oder diejenige, der/die sich auf einen ganzheitlichen Weg macht, Wesentliches an Lebensqualität aufgeben müsse. Da sorgen sich Männer, dass sie ihre Power verlieren könnten und dann nur noch freudlos, lieb und nett wären. Und Frauen denken, sie dürften nicht mehr intuitiv und emotional sein. Wenn das tatsächlich so wäre, hieße das ja nichts anderes, als die bisherige Einseitigkeit gegen eine neue einzutauschen. Es geht jedoch um das genaue Gegenteil, nämlich: jede Seite bekommt etwas hinzu, etwas, das ihr bisher noch nicht zur Verfügung stand. Das Ergebnis sind neue Männer, die auch weibliche Eigenschaften integrieren können. Und neue Frauen, die männliche Aspekte realisieren können, ohne dabei „Mann“ werden zu müssen. Gerade im Geschäftsleben ist dies für Frauen nach wie vor nicht einfach. Wegen der vorhandenen Dominanz männlicher Aspekte in der Gesellschaft setzen sich dann oft Frauen durch, die lediglich männliche Attitüden gut einstudiert haben. Ganzheitliche Männer haben es da einfacher. Sie sind eben noch näher dran an der Männerwelt und sie können ihre weiblichen Aspekte insbesondere in kreativen Berufen leichter verwirklichen.

Jesus hat natürlich nichts gegen die Händler. Er hat gegen niemanden etwas, noch nicht einmal gegen die Herren Schriftgelehrten. Seine Aktion weist uns lediglich auf die Unausgeglichenheit von Aktivität und Passivität hin. Dabei scheint es mir so, dass diese Polarität sich in der heutigen Zeit noch verstärkt hat. Vieles spricht jedoch dafür, dass sich mit der Verbindung von Entschiedenheit und Abwartenkönnen nicht nur das Leben, sondern auch ein Unternehmen besser managen lässt.

Da wir mit unserem heute fast überall praktizierten Business-Modell ganz offensichtlich ohnehin in eine Sackgasse steuern (selbst wenn deren Ende erst in vielen Jahren erreicht sein sollte), wäre es doch klug, die neue, hier skizzierte Variante einmal auszuprobieren. Auch wenn es – zugegebenermaßen – bisher nur wenige Beispiele von Firmen gibt, die versuchen, männliche und weibliche Aspekte gleichermaßen zu nutzen, ist damit noch keineswegs die Erfolglosigkeit eines solchen Modells bewiesen. Untersuchungen über die neue Generation von Führungskräften belegen die zunehmende Fähigkeit junger Manager, weibliche Aspekte in ihr Führungsverhalten zu integrieren. Schließlich hat es eine innere Logik, dass ich sowohl im Geschäftsleben wie auch privat erfolgreicher sein kann, wenn mir die doppelte Bandbreite an Optionen zur Verfügung steht. Give it a try.

Die menschliche Seele hat zwei Kräfte,
eine aktive und eine kontemplative;
durch jene schreitet man vorwärts,
durch diese kommt man zum Ziel.

Augustinus

30-Sekunden-Übung: Tagträumen

Schließen Sie einmal kurz die Augen. Jetzt, in diesem Moment. Erinnern Sie sich an eine Gegebenheit, bei der Sie sich sehr wohl gefühlt haben. Zum Beispiel: Sie liegen im warmen Sand, spüren die Sonne auf der Haut, lauschen dem gleichmäßigen Rauschen des Meeres und genießen eine sanfte Brise, die Ihnen die Stirn kühlt. Bleiben Sie einige Atemzüge in dieser schönen Erinnerung und genießen Sie die damit verbundenen Gefühle. Dann kehren Sie zurück in den Alltag, am besten indem Sie sich einmal recken und strecken.

Ein zentrales Anliegen dieses Buches ist es, immer wieder neue Gelegenheiten zu bieten, Einseitigkeiten zu überwinden. Im Allgemeinen ist es „streng verboten", während der Arbeit zu träumen. Das ist jedoch nicht nur sehr ungesund, sondern auch für den Arbeitgeber durchaus nachteilig. Denn mit Tagträumen, wie oben beschrieben, erreichen wir das Gleiche, was nachts im Schlaf automatisch geschieht. Wir laden dabei nämlich unsere Batterien auf und lösen im Traum Unausgeglichenheiten, die sich im Tagesgeschäft, ja im Leben, angesammelt haben. Mit einem bewusst herbeigeführten Tagtraum geben wir dem inneren System Gelegenheit für einen Neustart. Jeder, der mit dieser Übung bereits Erfahrungen gesammelt hat, wird die wohltuende Wirkung von Tagträumen und ihren Nutzen für die Steigerung der eigenen Kreativität bestätigen können – selbst wenn das Tagträumen bisher noch nicht zur Kernkompetenz männlicher Führungskräfte gehört ...

Der Rangstreit der Jünger

Zu derselben Stunde traten die Jünger zu Jesus und fragten: Wer ist doch der Größte im Himmelreich? Jesus rief ein Kind zu sich und stellte es mitten unter sie und sprach: Wahrlich, ich sage euch: Wenn ihr nicht umkehrt und werdet wie die Kinder, so werdet ihr nicht ins Himmelreich kommen. Wer nun sich selbst erniedrigt und wird wie dies Kind, der ist der Größte im Himmelreich. Und wer ein solches Kind aufnimmt in meinem Namen, der nimmt mich auf.

(Matthäus 18,1-5)

Vom verlorenen Schaf

Seht zu, dass ihr nicht einen von diesen Kleinen verachtet. Denn ich sage euch: Ihre Engel im Himmel sehen allezeit das Angesicht meines Vaters im Himmel. Was meint ihr? Wenn ein Mensch hundert Schafe hätte und eins unter ihnen sich verirrte: lässt er nicht die neunundneunzig auf den Bergen, geht hin und sucht das verirrte? Und wenn es geschieht, dass er's findet, wahrlich, ich sage euch: Er freut sich darüber mehr als über die neunundneunzig, die sich nicht verirrt haben. So ist's auch nicht der Wille bei eurem Vater im Himmel, dass auch nur eines von diesen Kleinen verloren werde.

(Matthäus 18,10-14)

8

Machen Sie sich überflüssig!

Ihr wichtigstes Asset: das Innere Kind

Sie sind die Leiterin des Rechnungswesens, und in Ihrem Unternehmen steht wieder einmal eine Reorganisation auf dem Programm, mit der Zustände, die schon vor Jahren abgeschafft worden sind, wiederhergestellt werden. Nach einem harten Stück Arbeit für Sie und Ihre Abteilung ist es schließlich geschafft und die abschließende Sitzung der Abteilungsleiter findet statt. Der Chef ist ganz offensichtlich zufrieden, aber niemand wird in irgendeiner Weise lobend erwähnt – nur er selbst. Das macht Sie so betroffen, dass Ihnen beinahe die Tränen kommen. Mit ein wenig Abstand denken Sie sich schließlich eine pädagogische Maßnahme aus. Der Chef hat doch selbst Kinder und wenn Sie die ins Spiel bringen, würde er sicherlich am ehesten lernen, wie es ist, nicht beachtet zu werden. Für den nächsten Tag bereiten Sie einen Kinderbrief vor, auf dem in schönster Krakelschrift steht: „Lieber Papi, ich bin sehr traurig, weil Du nie zu Hause bist – sicher spielst Du nicht gerne mit mir. Dein Arno“. Den Zettel legen Sie dann, sorgfältig mit einem Eingangsstempel versehen, in die Umlaufpostmappe für die Abteilungsleiter. Alle wissen natürlich, dass der Sohn des Chefs Arno heißt. Der Chef bekommt die Mappe übrigens zuletzt. Er tobt. „Haben Sie das in die Postmappe gelegt?“, fragt er jeden. Sie sind gut vorbereitet: „Ja, ich war das. Als Sie gestern niemanden von uns überhaupt erwähnten, ist mir das eingefallen. Ich habe auch schon das Antwortschreiben vorbereitet." Der Chef starrt Sie sprachlos an und liest: „Lieber Arno, Du hast recht. Ich denke nur noch an meinen Job und die Karriere. Die Menschen sind mir nur noch wichtig, wenn sie funktionieren. Deswegen habe ich auch keine Zeit für Dich. Aber das wird sich ändern. Heute Nachmittag komme ich und gehe mit Dir in den Zoo. Dein Papa". Unglaublich, aber wahr, das macht er dann auch. Und er entschuldigt sich später bei allen Abteilungsleitern (und natürlich den -leiterinnen) persönlich und bedankt sich für die gemeinsame Anstrengung.

Selbst als „gehobene" Führungskraft sollten Sie sich gelegentlich unter das Fußvolk mischen. Das hilft, den Kontakt zur Basis nicht zu verlieren, was bekanntlich vielen Managern – je höher in der Hierarchie, desto eher – passiert. Wenn Sie dazu einmal – Sie können es ja heimlich im Urlaub tun! – mit der U-Bahn fahren, werden Sie eine interessante Entdeckung machen. In einer gut gefüllten U-Bahn sieht man sich ja nicht ins Gesicht. Man schaut nach draußen, soweit das möglich ist, meistens jedoch zu Boden, auf die Füße. Dabei können Sie sehen, was die vielen Menschen, die da herumstehen oder sitzen, so an Schuhwerk tragen. Nun versuchen Sie einmal das Spiel, nur ein einziges Mal ein gleiches Paar Schuhe zu entdecken. Sie werden sehen, das wird Ihnen nicht gelingen, selbst wenn Sie sehr oft U-Bahn fahren und die Übung häufig machen. Nun sollte man doch denken, Schuhe seien ein typischer Massenartikel, von dem jedes Modell vermutlich in Hunderten, wenn nicht in Tausenden von Exemplaren hergestellt worden ist. Dennoch scheinen alle Menschen ihre ganz persönlichen Schuhe zu tragen. Was können wir daran ablesen?

Auf das Besondere kommt es an

Wir sind alle sehr darauf ausgerichtet, etwas Besonderes zu sein. Das gelingt natürlich nur, wenn es uns möglich ist, uns von anderen zu differenzieren. Wenn uns das nicht gelingt, entweder weil wir nicht die nötigen Mittel dazu haben oder weil es uns an Talent dazu mangelt, behelfen wir uns mit der Identifikation mit einer besonderen Gruppe. Der Effekt ist der gleiche, nämlich zu zeigen: Ich bin etwas Eigenes, zumindest gehöre ich einer bemerkenswerten Gruppe an. Durch dieses Verhalten sind die Marken entstanden, die manche Menschen gerne wie Reklametafeln an Taschen, T-Shirts oder Schuhen mit sich herumtragen. Auch wenn Sie nicht dazugehören, bleiben Sie von diesem Effekt nicht verschont. Jeder Mensch sortiert sich in soziale Bezüge ein und will das auf die ein oder andere Weise auch nach außen zeigen. Dahinter steckt nicht nur die simple Erkenntnis, dass der Mensch ein soziales Wesen ist. Viel bedeutsamer ist das, was letztendlich dahintersteckt, nämlich die tiefe Sehnsucht nach Einzigartigkeit. Genetisch ist das ja schon so. Da sind auf der ganzen Welt keine zwei Menschen wirklich gleich. Wir würden diese Einzigartigkeit nur allzu gerne jederzeit erkennen und erleben und nicht zuletzt auch bestätigt sehen.

In den Spielen von Kindern können wir diese Sehnsucht gut nachverfolgen. Alle wollen hier das Außergewöhnliche darstellen: die Prinzessin, den Räuberhauptmann, die Königin, den verrückten Kasper oder auch den Drachen. Bei den jährlichen Krippenspielen gehört die Rolle „ein Schaf von fünfen" nicht gerade zu den begehrtesten. Damit nähern wir uns der zentralen Frage, was Menschsein – beispielsweise im Gegensatz zum Schafsein – eigentlich bedeutet. Anders als alle anderen Geschöpfe hat der Mensch ein Bewusstsein seines Selbst. Mit Selbst ist allerdings nicht irgendeine Gruppenzugehörigkeit, noch nicht einmal die Familie gemeint, sondern etwas Urpersönliches. Die Sehnsucht nach dieser ultimativen Einzigartigkeit treibt uns alle um. Letztlich sind wir das ganze Leben lang dem Geheimnis unserer ureigenen

Identität auf der Spur. Die oben beschriebenen Äußerlichkeiten, wie beispielsweise die Marken-Dekoration, sind lediglich Ersatzhandlungen dafür und markieren unsere Schleifen oder Ausflüge auf diesem Weg zu uns selbst. Viele Produkte und Angebote in der Welt vermitteln uns die Illusion, unserer ureigenen Individualität ein Stück näher gekommen zu sein.

Machen wir einmal einen Ausflug in unsere eigene persönliche Entwicklung. Vielleicht können Sie sich sogar erinnern: Im Mutterleib, bevor wir geboren werden, und noch eine Zeit lang danach, sind wir im wahrsten Sinne des Wortes Mittelpunkt des Geschehens. Das ist für jedes Kind eine bedeutungsvolle Erfahrung (wenn sie denn im optimalen Fall so verlaufen ist). Dieses „ganz im Mittelpunkt stehen“ ist eine der schönsten Erfahrungen, die wir mit auf die Reise durch unser Leben nehmen. Es ist das prägende Gefühl, der oder die Wichtigste zu sein.

Die ungestillte Sehnsucht fordert Erfüllung

Schon bald lernen wir, uns von dieser schönen Erfahrung verabschieden zu müssen. Niemand von uns tut das gerne und wir machen es eher notgedrungen und nur Vernunftgründen folgend wie: „Wenn jeder der Wichtigste sein möchte, wo kämen wir denn dahin?“ Wir passen uns also an, höchst ungern, wie wir alle an den rebellischen Entwicklungsphasen von Kindern beobachten können. Je mehr wir uns als Individuum zurücknehmen müssen, natürlich gut begründet und gesellschaftlich sanktioniert, umso mehr müssen wir diese Sehnsucht nach Einzigartigkeit unterdrücken. Sie ist jedoch niemals weg, weil sie tatsächlich Mittelpunkt unseres Seins ist.

Meiner Einschätzung nach entstehen aus dieser Diskrepanz die meisten Konflikte in der Welt. Wir verdrängen die Sehnsucht unseres Inneren Kindes nach Einzigartigkeit, nach Besonderheit, nach absoluter Wertschätzung zugunsten einer vernunftbetonten sozialen Anpassung. Im Geschäftsleben ist dieser Anpassungsdruck naturgemäß besonders ausgeprägt. Hier soll jeder nach Möglichkeit gerade nicht etwas Besonderes sein. Wenn überhaupt, dürfen das ein paar Führungskader. Und die Führenden werden häufig Führer, weil sie damit ihre Sehnsucht nach Einmaligkeit ein Stück weit glauben, befriedigen zu können.

Warum wird diese Frage hier in solcher Ausführlichkeit behandelt? Nun, Aufgabe des Erwachsenwerdens ist es nicht etwa, unser Inneres Kind mit seinen Sehnsüchten zu unterdrücken, sondern es in unsere Entwicklung im sozialen Reifungsprozess zu integrieren. Das ist offensichtlich gar nicht so einfach. Denn das Innere Kind ist etwas sehr Zartes, Schwaches, Sensibles – während es in der Erwachsenenwelt hart und grob zugeht. Damit wir uns nicht falsch verstehen: Natürlich muss ein Kind lernen, mit dieser Erwachsenenwelt umzugehen. Tragisch wäre es jedoch, wenn es ausschließlich diese eher rauen Eigenschaften annimmt und sie in den Vordergrund rückt. Wenn Jesus das Kind in den Mittelpunkt stellt, dann weiß er auch, dass die Welt nicht „eiapopeia" ist. Sie können dazu gerne noch einmal das vorige Kapitel lesen. Es geht jedoch auch hier wieder um die Rückbesinnung auf die ursprüngliche Einheit. Wenn wir es nämlich nicht schaffen, die Aspekte und die Sehnsüchte des Inneren Kindes in unserem Leben zu berücksichtigen, dann besteht die natürliche Tendenz, dass wir hart und grob werden. Lao Tse, der berühmte chinesische Philosoph aus der Zeit um 600 v. Chr., hat das schon im „Tao te king" beschrieben.

Der Mensch
wird geboren weich und zart
und stirbt hart und stark.
Die Gräser und Bäume
treten ins Leben weich und zart
und sterben trocken und dürr.
Also: das Harte und Starke begleitet den Tod,
das Weiche und Zarte begleitet das Leben.

Die Unentbehrlichkeitsfalle erkennen

Wie jedoch können wir wieder in Verbindung kommen mit unserem Inneren Kind? Nun, wir müssen es suchen. Die zweite Jesus-Geschichte dieses Kapitels ist dafür ein wunderbares Gleichnis. Nur wenn uns die Suche nach diesem verlorenen Kind wirklich wichtig ist, lassen wir alles stehen und liegen, um uns daranzumachen. Dann müssen die 99 alltäglichen Wichtigkeiten eine Weile ohne uns auskommen. Damit sind wir bei der Frage nach Ihrer Entbehrlichkeit. Als ein Mitglied der Führungsmannschaft in einer Firma sind Sie natürlich schon ziemlich bedeutsam. Und wenn Ihnen nicht genau das wichtig wäre, wären Sie nicht so weit gekommen. In uns allen hat sich die Formel eingeprägt: „Nur wenn du dich unentbehrlich machst, bist du wirklich wichtig." Damit setzen wir allerdings eine fatale Spirale in Gang, die oft erst mit Burnout, Krankheit oder Drogen endet. Und das alles in guter Absicht ...

Diese Sucht nach Unentbehrlichkeit und Unabkömmlichkeit führt meistens zu dem, was wir gerade vermeiden wollen, nämlich dazu, überflüssig zu sein. Die Logik dahinter ist bestechend einfach: Keine Firma wird es sich auf Dauer leisten wollen, von jemandem abhängig zu sein. Denn mit Ihrer Unentbehrlichkeit stellen Sie ja ein Funktionsrisiko für das Unternehmen dar. Was passiert, wenn Sie dann doch einmal ausfallen? Und so hart, wie Sie arbeiten, das sieht jeder, wird das nicht mehr lange gut gehen. Außerdem: Je mehr Sie sich in Ihrer derzeitigen Position unentbehrlich machen, desto geringer ist Ihre Chance, dass man Sie in eine höhere Position befördert. Sie sind schließlich dort, wo Sie gerade sind, unentbehrlich.

Wenn Sie dann doch einmal Gelegenheit haben, sich mit Abstand selbst zu betrachten, werden Sie feststellen, dass nicht Sie für die Firma unentbehrlich sind, sondern dass die Firma und Ihre Position dort für *Sie* unentbehrlich geworden sind. Spätestens dann sollten bei Ihnen alle Alarmzeichen aufleuchten.

Wenn Sie nämlich rechtzeitig wieder zu sich selbst finden wollen, wäre es in der Tat sinnvoll, jetzt rasch mit der Suche zu beginnen.

Finden Sie das kleine weiße Schaf

Wie Sie das am besten anstellen, auch dafür geben uns die Geschichten Jesu Hinweise. Wenn früher ein verlorenes Schaf gesucht wurde, ging man möglichst auf eine Anhöhe oder auf einen Berg, weil man dann eine bessere Übersicht hatte. Heute steigt man zum Suchen in den Hubschrauber. Die Idee ist die gleiche. Mit größerem Abstand ist es leichter, etwas zu sehen und damit zu finden. Dazu ist es hilfreich, sehr präzise Vorstellungen von dem zu haben, was gesucht wird. Ein kleines weißes Schaf irgendwo in der Landschaft zu entdecken, ist natürlich viel leichter, als ganz allgemein „Tiere“. Wenn Ihr persönlicher Suchauftrag „Selbst“ oder „Gott“ lautet, ist die Suche dementsprechend ungleich schwieriger, als wenn Sie „Inneres Kind“ als Suchprogramm eingeben.

Vielleicht rebelliert Ihr Erwachsenen-Ich inzwischen mit der Frage: „Das ist doch kindisch, was soll ich damit, was nützt mir das in meiner Rolle als Manager?“ Die Frage ist berechtigt, denn das Projekt „Inneres Kind“ ist nicht ohne Risiken und Nebenwirkungen. Die erhöhte Sensibilität sowie die Entwicklung von intuitivem – und damit auch sprunghaftem – Denken kann dazu führen, dass Sie nicht mehr ganz so reibungslos funktionieren, wie eine vom kindlichen, bildhaften Denken abgeschnittene Umgebung es von Ihnen erwartet. Nach meinen Erfahrungen können Sie das jedoch spielend wettmachen durch den enormen Zuwachs an Kreativität und Zuversicht, die sich dann automatisch einstellen werden. Wenn Sie verbunden sind mit Ihrem Inneren Kind, wird Ihnen immer eine Lösung einfallen. Und die ist eben oft nicht digital, sondern analog, das heißt ganzheitlich-bildhaft. Auch hier, wie in fast allen Jesus-Geschichten, geht es nicht darum, dass Ihnen etwas genommen wird. Im Gegenteil, es sollen die Voraussetzungen dafür geschaffen werden, dass Sie Mehr-Wert erfahren. Diese Geschichten sind lauter Puzzleteile, die uns angeboten werden, damit unser großes Lebenspuzzle irgendwann einmal komplett, ganz, heil wird.

In diesem Zusammenhang sollte der Verleger erwägen, die Mehrwertsteuer auf dieses Buch zu verdoppeln.

The true value of a human being
can be found in the degree
to which he has attained
liberation from the self.

Albert Einstein

30-SEKUNDEN-ÜBUNG: VERSTECKEN SPIELEN MIT SICH SELBST

Gehen Sie doch einfach mal in die Hocke. Zunächst wird das vielleicht ein wenig ungewohnt und deshalb mühsam sein. Es ist aber auch eine gute Übung für Becken, Beine und Wirbelsäule. Wenn Sie in der Hocke angekommen sind, so gut es eben geht, legen Sie beide Hände vor das Gesicht. Spielen Sie Verstecken. Vielleicht können Sie sich dabei erinnern, wie Sie sich als Kind dabei gefühlt haben. Genießen Sie es. Richten Sie sich dann langsam und bewusst wieder auf und spüren Sie einige Atemzüge lang der Erfahrung dieser Übung nach.

In den Unternehmen ist ein Begriff ziemlich aus der Mode gekommen, nämlich: Planspiele. Das ist sehr bedauerlich, weil damit auch gleich das Spielerische aus dem Unternehmen verbannt wurde. Dabei weiß schon jedes Kind, dass wir „spielerisch" viel leichter lernen, als mit Druck. Die meisten Business Schools haben das inzwischen erkannt, und heute wird fast ausschließlich an Fall-Bei-Spielen trainiert. Da ist es kein Wunder, dass Unternehmen, in denen Strategien nicht nur am Computer oder am Reißbrett entstehen, sondern auch spielerisch und intuitiv, sich deutlich schneller und erfolgreicher auf notwendige Änderungen einstellen können als Firmen, in denen nicht „gespielt" wird.

Vom falschen und rechten Sorgen

Er sprach aber zu seinen Jüngern: Darum sage ich euch: Sorgt nicht um euer Leben, was ihr essen sollt, auch nicht um euren Leib, was ihr anziehen sollt. Denn das Leben ist mehr als die Nahrung und der Leib mehr als die Kleidung. Seht die Raben an: sie säen nicht, sie ernten auch nicht, sie haben auch keinen Keller und keine Scheune, und Gott ernährt sie doch. Wie viel besser seid ihr als die Vögel! Wer ist unter euch, der, wie sehr er sich auch darum sorgt, seines Lebens Länge eine Spanne zusetzen könnte? Wenn ihr nun auch das Geringste nicht vermögt, warum sorgt ihr euch um das andre? Seht die Lilien an, wie sie wachsen: sie spinnen nicht, sie weben nicht. Ich sage euch aber, dass auch Salomo in aller seiner Herrlichkeit nicht gekleidet gewesen ist wie eine von ihnen. Wenn nun Gott das Gras, das heute auf dem Feld steht und morgen in den Ofen geworfen wird, so kleidet, wie viel mehr wird er euch kleiden, ihr Kleingläubigen! Darum auch ihr, fragt nicht danach, was ihr essen oder was ihr trinken sollt, und macht euch keine Unruhe. Nach dem allen trachten die Heiden in der Welt; aber euer Vater weiß, dass ihr dessen bedürft. Trachtet vielmehr nach seinem Reich, so wird euch das alles zufallen. Fürchte dich nicht, du kleine Herde! Denn es hat eurem Vater wohlgefallen, euch das Reich zu geben.

(Lukas 12,22-32)

9

Sie säen nicht und ernten trotzdem

Genießen Sie Ihr dolce far niente

Stellen Sie sich vor, Sie liegen irgendwo am Mittelmeer in einer wunderbaren Strandbucht, vielleicht auf Sardinien ... Die Sonne scheint so, dass es nicht zu heiß ist, ein leichter Wind trägt das Rauschen des Wassers wellenartig zu Ihnen. Sie räkeln sich und sinken noch ein wenig tiefer in den warmen Sand. Das Spielen der Kinder in der Ferne ist eine beruhigende Geräuschkulisse. Sie fallen in den wohligen Zustand zwischen Tag und Traum. Nach fast zwei Wochen Urlaub fällt Ihnen das jetzt schon ganz leicht. Sie genießen diesen wunderbaren Augenblick, in dem nichts zu tun ist, in dem niemand etwas von Ihnen erwartet, noch nicht einmal Sie selbst. Irgendwo quängelt ein Handy. Sie nehmen es schon kaum noch wahr. Bis Ihre Frau sagt: „Du, das ist doch deines." Ohne besondere Lust greifen Sie in die Strandtasche, die neben Ihnen liegt. „Ja, hallo?" – „Bist du es, Sam? Hier ist Peter." – „Ja? Was gibt's denn?" – „Du, ich muss dir was sagen, damit du nicht aus allen Wolken fällst, wenn du zurückkommst." – „Ja, dann sag's schon." – „Also, ähm, wie soll ich´s sagen, ähm, nun, die wollen dich feuern. Du, das habe ich aus verlässlichen Quellen erfahren." – „Ach so." – „Hey, das ist alles, was du dazu sagst?" – „Ja, was soll ich dazu noch sagen?" – „Ähm, denk' doch mal an die Folgen! Deine Familie! Deine Karriere! Also, mich würde das nicht so kalt lassen." – „Ach, Margret könnte ja auch mal arbeiten gehen. Und wer weiß, wofür es gut ist. Außerdem liege ich gerade herrlich am Strand in der Sonne. Da kann ich doch eh nichts machen." – „Mann, Deine Nerven möchte ich haben. Ich würde mich in den nächsten Flieger setzen ..." – „Du, Peter, trotzdem vielen Dank für die Information. Du bist doch hoffentlich nicht betroffen?" – „Ach so, Mensch, darüber habe ich ja noch gar nicht nachgedacht. Du, ich muss Schluss machen. Bis bald."

Dieses ist das unmöglichste Kapitel im ganzen Buch. Sie werden das an den einführenden Geschichten schon erkannt haben. Stellen Sie sich nur vor, jemand würde das, was der gute Jesus da sagt, wörtlich nehmen. Eine Welt voller glücklicher Existenzialisten und Chlochards? In der Tat wirkt auf den ersten Blick das, was uns hier von Jesus geboten wird, wirklichkeitsfremder als alles zuvor. Erstaunlicherweise scheint Mutter Kirche ihm am allerwenigsten zu trauen, wenn man sieht, wie viele Sorgen sie sich macht – und wie viel Vorsorge sie trifft. Jesus sagt, wie wir gelesen haben: „Fürchte dich nicht, du kleine Herde." Vielleicht ist die Herde zu groß geworden und man ist nun mehr mit „managen" beschäftigt als damit, sich um die existenziellen Bedürfnisse des einzelnen Schafes zu kümmern. Aber was sind denn die existenziellen Bedürfnisse?

Was würden Sie tun, wenn Sie keine Angst hätten?

Der berühmte Abraham Maslow, Begründer der Humanistischen Psychologie, hat das in der nach ihm benannten Bedürfnispyramide sorgfältig ausgearbeitet. An der Basis der Pyramide finden sich die Grundanforderungen wie Essen, Trinken, Kleidung, Wärme, Wohnung. Je mehr von diesen Grundbedürfnissen bereits erfüllt sind, umso größer ist die Verfeinerung der Wünsche, bis hin zu Aspekten wie Genuss, Kultur, Selbstverwirklichung und schließlich Spiritualität. In den reichen Wirtschaftsnationen, aber auch in vielen Schwellenländern, gibt es inzwischen Millionen von Menschen, die an der Spitze dieser Pyramide angekommen sind. Und tatsächlich: Wenn alle Grundbedürfnisse bereits in einer verfeinerten Form in Hülle und Fülle befriedigt werden können, dann entdecken wir auch die Spiritualität, und sie ist dann nichts als ein weiterer, zusätzlicher Luxus-Kick. Jeder kann das an der ausufernden esoterischen Szene erkennen. Natürlich spielt hier auch die Flucht vor einer versachlichten, digitalisierten Wirklichkeit eine große Rolle. Allerdings hat es die Suche nach einer höheren Ordnung, nach einem, der das ganze Durcheinander der Welt unter Kontrolle hat, immer schon gegeben. Da die erfahrene (triste) Wirklichkeit sich nicht mit dem persönlichen Anspruch auf Glück in Übereinstimmung bringen ließ, brauchte der Mensch einen Ausgleich. Glaube und Religion haben diesen in den vergangenen 3000 Jahren geliefert. Heute entdekken immer mehr Menschen – mit wachsender Befriedigung der Grundbedürfnisse –, dass da noch etwas mehr sein muss, weil Glaube und Religion in ihren traditionellen äußeren Formen dem veränderten Bewusstsein nicht mehr gerecht werden. Wir alle erkennen, dass unser grenzenlos scheinendes Wachstum und ein weltweiter Konsumismus unsere existenziellen Grundlagen zu zerstören drohen.

Deshalb muss an der Spitze der Bedürfnispyramide die Umkehr stehen.

Spiritualität oder auch Mystik oder Selbstfindung – gleich welchen Begriff wir dafür wählen – bezeichnen derartig radikale Wandlungsvorgänge, bei der die Maslow'sche Bedürfnispyramide auf den Kopf gestellt wird. So radikal, wie die vordergründig so „süß“ daherkommende Jesus-Geschichte zu Beginn dieses Kapitels. Um das zu verstehen, müssen wir die Antriebskräfte kennen, die das selbstzerstörerische Handeln auslösen. Der Wunsch nach Reichtum ist so alt wie die Menschheit selbst.

Wenn Sie schnell reich werden wollen, dann sollten Sie sich überlegen, womit man die besten Geschäfte machen kann. Die entsprechende Hitliste führen an: Angst, Gier und Eitelkeit. Meiner Erfahrung nach dürfte die Angst das Rennen mit Abstand gewinnen. Wobei letztlich die Gier auch nur eine Variante der Angst ist. Ein berühmter Satz im Neuen Testament mit Mantra-Charakter lautet: „Fürchtet euch nicht.“ Auch in unserem Lukas-

Text steht dieses Thema im Zentrum. Es scheint so, dass alle Appelle des Christentums, sich nicht zu fürchten, nichts gefruchtet haben. Insbesondere im Wirtschaftsleben ist die Angst als eine zentrale Triebkraft deutlich zu spüren. Natürlich nicht vordergründig erkennbar, denn Angst ist ein Tabu. Man spricht nicht über sie, man zeigt sie nicht. Eine Vorstandssitzung, in der der Vorsitzende sagt „Meine Herren, ich habe große Angst, dass mir die Sache über den Kopf wächst", ist eher schwer vorstellbar. Wir können jedoch davon ausgehen, dass dieses Gefühl dennoch sehr häufig so oder in anderer Form im Geschäftsleben eine wesentliche Rolle spielt. Oder ist das bei Ihnen völlig anders?

Das können Sie selbst testen. Es gibt ein sehr hübsches, kleines Büchlein mit dem Titel „Die Mäuse-Strategie". Dessen Essenz findet sich der Einfachheit halber auf dem Buchrücken und sie besteht aus der schlichten, aber umwerfenden Frage: „Wie würde ich entscheiden, wenn ich keine Angst hätte?" Wenn Sie sich diese Frage nur zweimal am Tag stellen und versuchen, sie ernsthaft zu beantworten, dann können Sie sich das Lesen des Büchleins und den Rest dieses Kapitels sparen. Denn hier wird es ausschließlich darum gehen, unsere versteckten Ängste aufzuspüren, die uns daran hindern, dass unser Leben leicht dahinfließen kann.

Radikale Selbstwahrnehmung schafft Raum für Wandel

Zunächst könnte man ja meinen, in diesem Kapitel ginge es um Vertrauen. Das ist zwar auch richtig, Vertrauen können wir jedoch nicht „herstellen", weil es bereits ein Grundzustand des Seins ist. Auch hier sei als Beleg noch einmal der Vergleich mit der Entwicklung des Kindes hinzugezogen: als (werdendes) Kind sind wir noch in diesem Zustand des unendlichen Vertrauens. Erst im Verlauf des Lebens lernen wir, davon Abstriche zu machen. Und die Angst ist lediglich der Indikator, wie weit wir uns vom Vertrauen entfernt haben.

Bei allen Kundenbeziehungen geht es – erstaunlich genug – letztlich nicht darum, Vertrauen zu schaffen, sondern Angst abzubauen. Wer frei von Angst ist, der ist automatisch voller Vertrauen. Diese Erkenntnis ist für viele Bereiche des Wirtschaftslebens von großer Bedeutung, weil sich daraus insbesondere für die Kommunikation mit den Kunden eine völlig neue Zielrichtung ergibt. Ein Beispiel, das diesen Aspekt illustriert, ist die rasante Zunahme des Onlinebankings. Das ist nicht nur bequemer (was allerdings leider in der Praxis auch nicht immer stimmt), sondern es nimmt vor allem die Angst vor der Institution Bank und ihren angestellten Göttern. Ein anderes Beispiel: die überall zunehmende Mentalität zu feilschen, signalisiert keineswegs Misstrauen dem Verkäufer gegenüber (dann würden wir ja gar nicht bei ihm kaufen), sondern ist ein Zeichen für unsere Angst, ein schlechtes Geschäft zu machen.

Wir können daran erkennen, dass Angst uns selten offen gegenübertritt, sondern meistens „undercover", also gut getarnt hinter mutigem Gebaren. Um unser eigenes Angst-Netzwerk in uns aufzuspüren, brauchen wir deshalb detektivische Qualitäten. Zuvor ist jedoch eine zentrale Frage zu klären: Warum sollte ich dieses unangenehme Geschäft, der eigenen Angst auf die Schliche zu kommen, denn überhaupt angehen? Tatsächlich haben wir oft Scheu, uns so zu sehen, wie wir „wirklich" sind. Das liegt allerdings nur an den Mustern, mit denen wir uns selbst bewerten. Eines dieser Muster lautet vermutlich: „Angst darf nicht sein." Deshalb ist es so wichtig, bei dieser Gelegenheit solche Muster gleich mit zu entdecken und sie am besten auch gleich obsolet werden zu lassen. Jedes Muster, das ist sein Wesen, ist ja etwas Variables, also änderbar. Diese Änderungen müssen wir allerdings schon selbst vornehmen.

Noch einmal zurück zu der Frage, warum wir uns mit unseren Ängsten überhaupt beschäftigen sollten. Unsere beiden Geschichten können uns dabei vielleicht weiterhelfen. Sie spielen nämlich beide auf Situationen an, die angstfrei sind. Jeder von uns wird relativ leicht nachvollziehen können, wie gut es sich anfühlt, und sei es auch nur für einen Moment, einmal ohne Angst zu sein. Das ist in der Tat in höchstem Maße entspannend. Wer wäre in diesem schönen Gefühl nicht gerne ein Leben lang? Wenn wir jetzt jedoch gleich mit dem erzieherischen Satz kommen, „aber das geht doch nicht“, dann nehmen wir uns die Chancen, dem Zustand einer permanenten Entspanntheit überhaupt näher zu kommen.

Es ist, wie vieles, das Sie in diesem Buch erfahren, vor allem eine Frage unserer mentalen Neukonstruktion. Solange auch nur irgendetwas für uns „unvorstellbar“ ist, wird das neue, befreiende Programm keine Chancen haben. Die radikale Selbstwahrnehmung ist deshalb eine Voraussetzung für die Wandlung, die Sie, wenn Sie möchten, spirituell nennen können. Denn nur so erfahren wir, welche Programme uns an dieser Wandlung hindern. Dabei entsteht quasi automatisch Raum für solche Programme, die förderlich für uns sind. Dass Sie auf diesem Weg schon ein gutes Stück vorangekommen sind, können sie daran erkennen, dass Sie in diesem Buch lesen.

Nach dem geistigen Muskelkater kommt die Freiheit

Sicher haben Sie das auch schon erlebt: Es gibt Phasen in einem Unternehmen oder bei einem bestimmten Geschäftsvorgang, da klappt einfach alles. Wir sagen dann, die Sache sei gut im Fluss. Und dann wiederum gibt es Zeiten, die sind zum Haareraufen. Nichts funktioniert, so sehr Sie sich auch bemühen. Natürlich finden Sie viele Gründe, warum etwas nicht klappt. Der verdammte Lieferant, diese unmögliche Disponentin, der wahnsinnige Wettbewerb, die Banken und überhaupt. Jede Problemlage wird natürlich ihr individuelles Verursachungsprofil aufweisen. Eine wirkliche Erklärung, warum es mal so oder mal so läuft, ist damit noch nicht gefunden. Denn wenn Sie diese hätten, wüssten Sie ja, wie Sie es schaffen, dass alles immer fließt. Dann bräuchten Sie sich keine Sorgen mehr zu machen.

Wollen Sie wirklich wissen, wie das geht? Hier wird das Geheimnis für Sie gelüftet: Machen Sie sich einfach keine Sorgen mehr. Die innere Dynamik des Sich-Sorgens lässt sich so erstaunlich wie simpel durchbrechen. All die vielen Probleme und Hindernisse, die Ihnen Kopfzerbrechen und Sorgen bereiten, entstehen gerade deshalb, weil Sie sich Sorgen machen.

Es gibt die berühmte Geschichte, die Buddha erzählt haben soll: Da rennt ein Mann vor einem Tiger davon. In letzter Not schwingt er sich über einen Abgrund und kann sich gerade noch an einer Wurzel festhalten. Tief unter ihm die Schlucht, oben der Tiger. Er blickt auf die Wurzel, da wächst eine wilde Erdbeere, reif und rot. Er verspeist sie mit Genuss. In der modernen Variante dieser Geschichte ruft der Mann in seiner Verzweiflung nach Gott, der allein ihm jetzt noch helfen könne. Tatsächlich kommt Gottes Stimme aus dem Nirgendwo und verspricht Unterstützung. Der Mann ruft mit letzter Kraft: „Was soll ich denn tun?“ Und Gott antwortet: „Lass’ los.“

Sich Sorgen machen, heißt letztlich, nicht loszulassen. Nur, wie werden Sie *das* los? Beschließen Sie doch einfach einmal, sich keine Sorgen mehr zu machen. Das geht. Am Anfang scheint das ziemlich schwierig zu sein, denn die Sorgen lassen sich nicht einfach wegschieben. Im Gegenteil, sie werden vielleicht sogar stärker. Dieser Effekt ist jedoch nichts anderes als ein geistiger „Muskelkater“. Mentale Übungen funktionieren letztlich genauso wie alle körperlichen Übungen. Am Anfang erscheint einem ein Kopfstand vielleicht als unmöglich. Wenn es mir jedoch sehr viel wert ist, auf dem Kopf zu stehen, dann werde ich es so lange trainieren, bis ich es kann. Wenn das schon bei einer nicht gerade existenziell notwendigen Übung wie dem Auf-dem-Kopf-Stehen möglich ist, um wie viel mehr macht es dann Sinn, Sorgenfreiheit zu üben. Dabei ist es eine einfache Gleichung: ohne Sorgen keine Angst.

Nun soll hier keineswegs ein grundlegendes inneres Dilemma einfach schöngeredet werden. Objektiv betrachtet wird es weiterhin und immer in allen Geschäftsabläufen (und im ganzen Leben)

Schwierigkeiten und Hindernisse geben, die formal betrachtet den freien Fluss der Dinge mehr oder weniger beeinträchtigen. Das sind aber nichts anderes als ganz normale Stromschnellen, Wasserfälle, Untiefen oder auch einmal Staustufen, die zu einem Fluss schlicht dazugehören. Wenn wir nicht den nötigen Abstand haben, werden wir diese Vorkommnisse wie Katastrophen empfinden, die uns mit Recht Anlass zur Sorge gäben, wüssten wir nicht, dass der Fluss dennoch weiterfließt. Erst wenn wir diese Schwierigkeiten und Brüche als normale Vorkommnisse im Fluss unseres Lebens einordnen können, nehmen wir ihnen die Berechtigung, uns Sorgen zu bereiten.

Stattdessen versuchen wir mit aller Macht, mit aller Intelligenz und mit aller Energie den Lauf des Flusses zu kontrollieren und zu steuern. Die Folgen kennen Sie. Aus diesem Verhalten entstehen hässliche, geradlinige und tote Kanäle. Wenn Ihr Leben so aussehen soll, dann belassen Sie ruhig alles, wie es ist. Leben heißt allerdings, sich auf das Unberechenbare einlassen zu können. Sorgen und Ängste werden von uns oft als Verteidigungslinien vor dem Unberechenbaren errichtet. Im Zen gibt es die Geschichte, in der ein Schüler dem Meister sagt, er spüre eine üble Laune in sich, und ihn fragt, was er denn tun solle. Als der Meister ihn auffordert, ihm diese Laune doch einmal zu zeigen, ist der Schüler dazu nicht in der Lage. Unsere Stimmungen und unsere Gefühle, die unangenehmen wie auch die angenehmen, sind nämlich nichts anderes als geistige Konstrukte. Sie sind nicht real, sondern virtuell.

Konsequent zu Ende gedacht, ist natürlich alles das, was wir so überzeugt Wirklichkeit nennen, virtuell, weil es immer nur wiedergibt, wie die Dinge auf uns wirken. Daher der schöne Name *Wirk-lichkeit*. Wovon ist es aber abhängig, wie das, was uns begegnet, auf uns wirkt? Unser inneres Wertesystem entscheidet darüber, was wir als angenehm oder unangenehm oder als richtig oder falsch wahrnehmen. Dieses Wertesystem ist jedoch keine konstante Größe, sondern hat sich im Laufe unserer persönlichen Evolution etabliert. Unsere Freiheit besteht nun darin, dieses innere System neu zu programmieren. Dass wir die Welt nicht wahrnehmen können wie die Vögel des Himmels oder die Lilien auf einer Wiese, liegt nicht an unserer Welt, sondern an unserem Wahrnehmungsraster. Solange wir beispielsweise aufs Habenwollen programmiert sind, können wir diese Erfahrung nicht machen. Weil wir mit unseren Gedanken die Welt konstruieren, ist sie so, wie sie ist. Erst wenn wir in der Lage sind, alle destruktiven Gedanken, und insbesondere alle destruktiven Gefühle, loszulassen, bleibt der innere Friede nicht eine schöne Illusion, wie sie die Geschichten dieses Kapitels vordergründig zu sein scheinen.

Sobald wir Neid, Missgunst, Gier, Hass, Eifersucht, Wut, Enttäuschung, Rache überwinden, werden aus den Stromschnellen, Wasserfällen und Strudeln in unserem Leben bereichernde Erfahrungen. Und noch etwas geschieht. In dem Moment, in dem wir die Angst aufgeben vor dem, was auf keinen Fall geschehen darf, wird „es" nicht eintreten. Daran können Sie erkennen, dass die Geschichte von Sam, der am Strand von seiner Kündigung erfährt und dabei völlig entspannt bleibt, frei erfunden ist. Denn wer würde jemals so einem coolen Typen kündigen?

Wenn du einem Unheil begegnest,
ist es gut, dem Unheil zu begegnen.
Wenn du stirbst, ist es gut zu sterben.
Dies ist die wunderbare Weise,
dem Unheil zu entrinnen.

Ryokan

30-Sekunden-Übung: Die Füsse massieren

Setzen Sie sich auf einen Stuhl, ziehen Sie Ihre Schuhe aus, und wenn Sie fest sitzende Socken anhaben, dann schlurfen Sie mit den Füßen über den Boden. Am besten geht das natürlich auf einem Teppichboden. Dann ziehen Sie einen Fuß zu sich heran, entledigen Sie sich nach Möglichkeit Ihrer Socke, und beginnen Sie, Ihre Zehen zu massieren. Reiben und kneten Sie kräftig mit Zeigefinger und Daumen jeden einzelnen Zeh. Schließlich legen Sie die rechte Hand flach auf die linke Fußsohle. Spüren Sie den Temperaturunterschied zwischen Handteller und Fußsohle. Wenn möglich, genießen Sie die Berührung. Dann wechseln Sie und berühren mit der linken Hand die rechte Fußsohle.

Vielleicht haben Sie erwartet, dass zum Thema Gedankentraining eine Übung für den Kopf folgt. Es ist jedoch die beste Voraussetzung für Veränderungen im Kopf, wenn wir gut geerdet sind. Sonst könnte es eine „Luftnummer" werden. Denn wenn wir nicht stabil im Hier und Jetzt mit der Erde verbunden sind, dann wird sich das Vertrauen, von dem eingangs die Rede war, nicht so leicht erfahren lassen. In diesem Sinne ermöglicht uns „Mutter Erde" eine ähnliche Erfahrung wie die, die wir im Mutterschoß machen konnten. Die Füße sind sozusagen unsere standardmäßige Verbindung zur Erde. Erst in Kombination mit dieser Bodenhaftung macht die zuvor beschriebene Neuprogrammierung Sinn.

Fußroller, die es in jedem Gesundheitsgeschäft gibt, sind dafür übrigens sehr nützliche Instrumente. Nicht ganz zufällig verursachen sie eine schöne Entspannung. Und diese wiederum ist ein Zeichen dafür, dass die Verbindung von Kopf und Fuß (metaphorisch: von Himmel und Erde) funktioniert.

Von den anvertrauten Zentnern

Denn es ist wie mit einem Menschen, der außer Landes ging: Er rief seine Knechte und vertraute ihnen sein Vermögen an; dem einen gab er fünf Zentner Silber, dem andern zwei, dem dritten einen, jedem nach seiner Tüchtigkeit, und zog fort. Sogleich ging der hin, der fünf Zentner empfangen hatte, und handelte mit ihnen und gewann weitere fünf dazu. Ebenso gewann der, der zwei Zentner empfangen hatte, zwei weitere dazu. Der aber einen empfangen hatte, ging hin, grub ein Loch in die Erde und verbarg das Geld seines Herrn. Nach langer Zeit kam der Herr dieser Knechte und forderte Rechenschaft von ihnen. Da trat herzu, der fünf Zentner empfangen hatte, und legte weitere fünf Zentner dazu und sprach: Herr, du hast mir fünf Zentner anvertraut; siehe da, ich habe damit weitere fünf Zentner gewonnen. Da sprach sein Herr zu ihm: Recht so, du tüchtiger und treuer Knecht, du bist über wenigem treu gewesen, ich will dich über viel setzen; geh hinein zu deines Herrn Freude! Da trat auch herzu, der zwei Zentner empfangen hatte, und sprach: Herr, du hast mir zwei Zentner anvertraut; siehe da, ich habe damit zwei weitere gewonnen. Sein Herr sprach zu ihm: Recht so, du tüchtiger und treuer Knecht, du bist über wenigem treu gewesen, ich will dich über viel setzen; geh hinein zu deines Herrn Freude! Da trat auch herzu, der einen Zentner empfangen hatte, und sprach: Herr, ich wusste, dass du ein harter Mann bist:

Du erntest, wo du nicht gesät hast, und sammelst ein, wo du nicht ausgestreut hast; und ich fürchtete mich, ging hin und verbarg deinen Zentner in der Erde. Siehe, da hast du das Deine. Sein Herr aber antwortete und sprach zu ihm: Du böser und fauler Knecht! Wusstest du, dass ich ernte, wo ich nicht gesät habe, und einsammle, wo ich nicht ausgestreut habe? Dann hättest du mein Geld zu den Wechslern bringen sollen, und wenn ich gekommen wäre, hätte ich das Meine wiederbekommen mit Zinsen. Darum nehmt ihm den Zentner ab und gebt ihn dem, der zehn Zentner hat. Denn wer da hat, dem wird gegeben werden, und er wird die Fülle haben; wer aber nicht hat, dem wird auch, was er hat, genommen werden. Und den unnützen Knecht werft in die Finsternis hinaus; da wird sein Heulen und Zähneklappern.

(MATTHÄUS 25,14-30)

10

Hören Sie auf zu sparen, oder Sie kommen in die Hölle

Von der Kunst des Gebens und Bekommens

Sie sind der Finanzvorstand einer großen Aktiengesellschaft. In einer Vorstandssitzung wird die anstehende Hauptversammlung vorbereitet. Die Firma steht zurzeit nicht besonders gut da, weil die notwendige Internationalisierung nicht schnell genug vorangekommen ist. Diese Hauptversammlung dürfte einiges an Ärger bringen. Entsprechend ist die Stimmung in der Vorstandssitzung angespannt. Der Vorsitzende sagt in die Runde: „Da werde ich den Aktionären wohl ausführlich erläutern müssen, warum wir noch nicht so weit sind." Sie nicken: „Unbedingt, jedoch wird das nicht reichen. Wir müssen etwas für die Atmosphäre tun und zeigen, dass wir selbst an die Zukunft glauben." Der Vorsitzende starrt Sie an: „Was ist denn mit Ihnen los? Ich denke, Sie sind für die Zahlen zuständig. Wie soll das denn gehen?" Sie haben da eine Idee: „Jeder Aktionär erhält, wenn er zur Hauptversammlung kommt, eine Gratis-Aktie, schön gestaltet und mit einem passenden Text dazu." Sie werden in Ihrer Rede dann erläutern, was aus dieser kleinen Aktie alles werden wird. Ihr Kollege, der Vertriebsvorstand, ist verwundert: „Warum sollten wir denen, die schon Aktien haben, noch eine geben?" Jetzt laufen Sie zur Höchstform auf: „Gerade das wird unsere Aktionäre in ihrem bisherigen Vertrauen in uns bestätigen. Und es zeigt, dass wir nicht etwa aus dem letzten Loch pfeifen. Die Presse wird bestimmt auch begeistert sein von dieser Idee." Sie haben gewonnen. Die Idee wird umgesetzt und diese Hauptversammlung ist damit zur besten in der Geschichte des Unternehmens geworden.

Was Jesus in der Geschichte dieses Kapitels von sich gibt, wurde vielfach als „das Manifest des Kapitals" verstanden. Scheint es doch schlicht darum zu gehen, aus den vorhandenen Ressourcen ordentlich etwas zu machen, und zwar nicht im übertragenen Sinne, sondern ganz konkret in materiellen Werten, sprich: Es geht um Geld. Wenn das wirklich so gemeint gewesen ist, dann hat die christlich geprägte Welt den Auftrag „mach mehr draus" sehr gut verstanden und ziemlich erfolgreich umgesetzt. Eine der nach wie vor erfolgreichsten Wirtschaftsnationen der Welt, die Vereinigten Staaten von Amerika, ist von diesem Postulat besonders geprägt. Offensichtlich ist es ein Paradigma in protestantisch geprägten Gruppen – und vor allem die ersten Einwanderer waren das – wonach das Reichwerden nicht nur als göttlicher Auftrag gilt, sondern, wenn es denn gelingt, auch als eine göttliche Bestätigung. Auch für Europa ist untersucht worden, dass es in evangelischen Regionen einen besonders hohen Anteil an reichen und erfolgreichen Menschen gibt. Calvinistisch geprägte Gegenden in der Schweiz und in den Niederlanden sind dafür Beispiele. Die katholische Welt, in der dieses Postulat nicht so sehr im Mittelpunkt stand, ist jedoch bereits dabei, sich diesem Erfolgsdruck anzupassen und holt inzwischen mächtig auf. Was kann auch Schlechtes daran sein, ordentlich Geld zu verdienen? In seinem Gleichnis droht doch Jesus selbst denen, die das nicht tun, „Heulen und Zähneklappern" an. Nun, dann wäre ja alles in Ordnung, und wir könnten das Kapitel hiermit schließen.

Vermögen und das Spiel des Lebens

So herrlich einfach, wie wir uns das in unserer angelernten Rolle als Kapitalisten gerne machen, ist die Sache allerdings nicht. Wenn wir nämlich etwas genauer in diese Geschichte eintauchen, dann würden wir entdecken, dass es hier ausdrücklich nicht um das Nehmen (von Gewinnen und Geld) geht, sondern um das (Zurück-)Geben. Tatsächlich könnte diese Geschichte viel eher „das Manifest des Sozialismus" sein. Bevor Sie jetzt vor Schreck nicht weiterlesen, lassen wir uns daran erinnern, dass es bei Jesus niemals um weltfremde Utopien geht. Wie aber können wir das augenscheinlich widersprüchliche Szenario aufdröseln? Nun, es geht wieder einmal darum, scheinbare Gegensätze aufzulösen.

Es ist ganz offensichtlich so, dass in unserer Welt heute das Mehrwertschaffen, das Gewinnerwirtschaften und das Erfolgreichsein die zentralen Antriebskräfte sind. Diese Perspektive hat nicht nur ihre historische Berechtigung, sie wird in dieser Geschichte von Jesus sogar als Gebot für den Menschen dargestellt. So weit, so gut und auch in Übereinstimmung mit den Prinzipien der Marktwirtschaft. Spannend ist jedoch der Kontext, in dem dieses Gebot steht. Denn erstens: Die Zentner sind gar nicht die des Verwalters. Sie sind ihm nur anvertraut. Und zweitens: Den Gewinn erwirtschaftet er nicht für sich, sondern für den, der ihm diese Zentner anvertraut hat. Wer ist nun „derjenige", der Zentner anvertraut und Mehrwert zurückerwartet? In der Geschichte ist es ein Mensch, „der außer Landes ging", ein Herr, der sein Vermögen den Verwaltern anvertraute.

Wenn wir jetzt sehr fromm wären, könnten wir es uns einfach machen und sagen: Das ist der „Liebe Gott". Ich befürchte jedoch, das bliebe eine Leerformel, die uns eher vom wirklichen Leben ablenkt, als uns dort hilft. Was dann? Wissen Sie eigentlich ganz genau, von wem Sie Ihre Talente, Ihr körperliches und geistiges Vermögen bekommen haben? Die Erklärungen „von den Eltern, von den Genen, von einer höheren Macht" werden

Behelf bleiben, solange wir nicht sicher sind. Denn nur eines ist sicher: Wir haben sie nicht von uns selbst. Vielleicht können wir damit diese Frage zunächst einmal als einigermaßen unbeantwortet dennoch stehen lassen. Denn dann können wir uns der anderen Seite zuwenden, nämlich der Frage, für wen wir eigentlich Gewinn und Mehrwert erzeugen sollen. Hier gilt das Gleiche: auch nicht für uns selbst.

In diesem ganzen Spiel des Lebens sind wir offensichtlich „nur" Mittler. Wenn Jesus Recht hat, dann ist es zwar die Aufgabe des Menschen, „mit seinen Pfunden zu wuchern", jedoch keinesfalls für sich selbst. Mit dem Anhäufen von Gewinnen und mit dem Sparen sowieso wären wir damit auf einem Irrweg. Vielleicht meinen jetzt alle diejenigen, die sich als „nicht reich" empfinden, das wäre die Wende zum Guten. Sollen die Reichen doch endlich abgeben. Wenn dies tatsächlich eine logische Schlussfolgerung wäre, dann gälte diese Erkenntnis allerdings nicht nur für die anderen, sondern auch für alles, was wir selbst an Talenten und Vermögen haben, gleich wie reich wir sind oder als wie arm wir uns empfinden. Für diese Perspektive steht der Verwalter, der in der Jesus-Geschichte nur mit einem Zentner bedacht wurde. Denn auch an ihn wird der gleiche Anspruch gestellt, etwas aus seinem Zentner zu machen – und dann zurückzugeben.

Vielleicht sind Sie jetzt schon begierig darauf zu erfahren, wie man denn wohl unter diesen Prämissen den Kapitalismus retten kann, ohne in einen Sozialismus nach sowjetischem Muster oder nach Castro-Art zu rutschen? Nun, so wie der Sozialismus scheitert, wenn er nicht der Freude am Leben dient, so führt sich der Kapitalismus ad absurdum, wenn seine Maxime nur noch die persönliche Bereicherung ist. Der Schlüssel zur Lösung dieses Konfliktes besteht nämlich in dem Wort „geben", und zwar so, wie Paulus in einem angeblichen Jesus-Zitat sagt: „Geben ist seliger denn nehmen." Der Kapitalismus wird erst von seinen vielen Krankheitssymptomen geheilt werden können, wenn er die hier beschriebene Logik des Gebens vollständig verinnerlicht. Was meint das aber, die Logik des Gebens?

Die Magie des Schenkens

Dazu müssen wir uns mit dem grundlegenden Zusammenhang von Geben und Nehmen befassen. Auch ohne jede spirituelle Erhöhung ist leicht einsichtig, dass in unserem Leben so gut wie nichts geschieht, wenn wir nicht Auslöser schaffen, Input geben. Nach wie vor ist es doch so: Nur wer sät, kann auch ernten. Nur wer investiert, kann auch Zinsen erwarten. Und wann immer ich von jemandem etwas haben will, dann kann ich es nur bekommen, wenn ich ihm etwas gebe – gleich ob materiell, zum Beispiel in Form von Geld, oder emotional, zum Beispiel in Form von Zuwendung. Das heißt, die Voraussetzung für „bekommen" ist ganz offensichtlich „geben". In der Marktwirtschaft ist dieses Prinzip bereits ziemlich perfekt realisiert. Wer mehr bekommen möchte, der muss halt mehr geben. Ein einfaches Muster.

Die Frage ist natürlich, woher kommen dann die vielen Ungleichgewichtigkeiten im System? Der Grund liegt im Motiv dieses Deals. Sobald wir lediglich utilitaristisch, also nützlichkeitsorientiert, geben, ist es kein gerechter Handel mehr, denn ich will ja subjektiv mehr bekommen als das, was ich gebe, wert ist. Perfekt wird das System erst, wenn wir „nur so" geben. Ganz so weltfremd, wie das vielleicht zunächst klingen mag, ist diese Idee allerdings gar nicht. Im persönlichen Umfeld haben wir alle diese Erfahrung sicherlich schon einmal gemacht. Die schönsten Geschenke sind doch die, bei denen man nicht das Gefühl hat, dass der Schenkende nun eine Gegenleistung erwartet, oder?

Die starke Wirkung von „etwas geben" im Sinne von schenken ist längst in der Praxis erprobt. Die uralte Tradition des Gastgeschenks ist ein Vorläufer von dem, was heute in der Wirtschaft gang und gäbe geworden ist. Kaum ein Versandhaus, das Ihnen nicht noch ein kleines Geschenk in Ihr Paket legt, kaum ein Telefonanbieter, der Ihnen nicht Freiminuten verspricht. Wenn auf einer Messe ein Stand besonders von Menschen umringt ist, dann wissen Sie, dort gibt es etwas geschenkt. Weil der Mechanismus des Schenkens so perfekt funktioniert, mussten Pharmafirmen gesetzlich reglementiert werden, damit sie die Ärzte nicht vollständig in den Griff bekamen. Eine Kunden-Veranstaltung, bei der es nicht ein Gastgeschenk gibt, ist im Marketing unvorstellbar.

Die Macht des simplen Vorganges, beschenkt zu werden, konnte ich in einem kleinen Erlebnis vor einigen Jahren erfahren. Im Urlaub sprach mich auf einem belebten Platz ein Schwarzafrikaner an und hielt mir einen goldenen Ring hin. Natürlich bin ich sofort auf Abstand gegangen und habe einigermaßen freundlich ein „Nein, danke“ gemurmelt. Der gute Mann blieb ungerührt guter Dinge – „Nein nein, das ist ein Geschenk für Sie, wirklich!“ –, drückte mir den Ring in die Hand und wandte sich freundlich lächelnd ab. Ich konnte gar nicht anders, als den Ring zu nehmen und verwundert dazustehen. Nach einiger Zeit kam er zurück, und ich dachte schon, er wolle den Ring wiederhaben. Nichts davon – „Nein, das ist Ihr Geschenk.“ Er wolle lediglich noch ein passendes Armkettchen anbieten. Das könnte ich zum wirklich günstigen Preis von nur zehn Euro kaufen. Was ich dann auch getan habe, nur weil mir das Gefühl, mich von ihm ohne Gegenleistung beschenken zu lassen, höchst unangenehm war.

Alle Unternehmen haben die Wirkung des Schenkens insbesondere für das eigene Image erkannt. Der Leitsatz „Tue Gutes und rede darüber“ ist fast zum Sprichwort geworden. Natürlich wird auch hier kalkuliert geschenkt. Wenn alle großen Firmen Sponsoring-Abteilungen unterhalten, dann natürlich nicht, weil sie ein philantropes Interesse an Sport oder Kultur hätten. Auch das moderne Schlagwort von der CSR, der Corporate Social Responsibility, bedeutet noch nicht, dass die Unternehmen nun auf dem Jesus-Trip sind. Es zeigt jedoch, dass immer öfter die Erkenntnis dämmert: Allein mit dem „Nehmen“ ist kein Staat zu machen. Die rasant anwachsende Zahl von gemeinnützigen Stiftungen ist ein solcher Hinweis auf eine neue Perspektive wirtschaftlicher Grundsätze. Den Gründer von Microsoft, Bill Gates, kann man in diesem Zusammenhang durchaus als vorbildlich bezeichnen. Wenn wir schon einem Gott nicht das zurückgeben können (oder wollen), was wir – am besten reichlich gemehrt – von wem auch immer bekommen haben, dann können wir es wenigstens der Gesellschaft geben.

... und der Druck verschwindet wie von selbst

Allerdings bleibt noch das merkwürdige Koan zu lösen, das da so versteckt am Ende des Gleichnisses von Jesus eingeworfen wird. Es ist in seiner Brisanz so ungeheuerlich, dass es gerne versteckt oder übergangen wird. Denn wenn das, was dort zum Ausdruck kommt, wahr wäre, würde ja jedes irdische Gerechtigkeitsempfinden auf den Kopf gestellt. Es sei denn, man würde die Essenz des Gesagten als den himmlischen Freibrief für die Raffer und die endgültige Verurteilung für die Loser und die Armen missbrauchen – was übrigens in manchen Kreisen ohne Zweifel bereits geschieht. Dahinter steckt natürlich eine andere Weisheit, eine, die wir alle im Leben immer wieder erfahren, und der wir dennoch nicht so recht trauen.

Am besten können wir das an einem praktischen Beispiel nachvollziehen: Wenn mir etwas wichtig ist, ich es also unbedingt haben will, dann stehe ich unter einem gewissen Druck. Je wichtiger es mir ist, desto größer wird dieser innere Druck sein. Und je mehr Dinge mir wichtig sind, umso mehr Einfallstore öffnen sich für den Druck. Wenn Sie einen Termin haben, der sehr wichtig für Sie ist, stehen Sie unter solch massivem Druck. Sie werden also einiges inszenieren, um das, was Sie da haben wollen, nämlich ihre Teilnahme am Termin, hinzubekommen. Sie werden vielleicht früher aufstehen als gewohnt. Sie werden vielleicht schneller oder sogar rücksichtsloser fahren und schließlich die Treppe hinauflaufen, wenn es Ihnen zu lange dauert, bis der Aufzug endlich kommt. Aus der Praxis werden Sie jedoch wissen, dass, wann immer sie es eilig haben, Hindernisse auftauchen. Zwei Lastwagen, die sich unendlich langsam wechselseitig überholen, Ampeln, die alle auf Rot stehen, Staus vor Baustellen und schließlich die Demo der Polizeigewerkschaft, die die Innenstadt blockiert. Das dahinter liegende Prinzip ist einfach. Je dringender ich etwas haben will, desto höher sind die Hürden. Denn Druck erzeugt Gegendruck – eine physikalische Binsenweisheit.

Letztlich ist das Marktwirtschaft – einfach nur rückwärts: Je weniger Sie wollen, desto mehr bekommen Sie. Sobald Sie alles haben können, werden Sie nichts mehr wollen. Und genau deshalb werden Sie dann alles bekommen. Je mehr Sie das Gefühl haben, etwas dringend haben zu müssen, also in diesem Sinne arm zu sein, desto mehr werden Sie auch das Gefühl haben, dass es Ihnen vorenthalten wird. Je nach Naturell werden Sie dann resignieren oder Ihre Anstrengungen verdoppeln. Beides sind keine angenehmen Zustände. Deshalb ist es besser, wenn Sie haben (und wer hat nicht?), auch großzügig zu geben, denn damit steigern Sie ganz offensichtlich die Chancen, noch mehr zu bekommen.

Dahinter steckt nicht etwa ein moralischer Impetus, Gutes zu tun, sondern die Gesetzmäßigkeit, wonach ich alles von zwei Seiten aus zum „Funktionieren“ bringen kann. Kolumbus hat versucht, das Prinzip anzuwenden, und ist nach Westen gesegelt, weil er in den Osten wollte. Das hat letztlich nicht geklappt, weil, wie wir alle wissen, er und seine Mannschaft unter einem riesigen Erfolgsdruck standen, der die Logik dieser Gesetzmäßigkeit konterkariert hat. Daraus lernen wir: Das Umkehrprinzip erweist sich dann am verlässlichsten, wenn wir nicht unter dem Stress des Habenwollens stehen.

Im modernen Management-Training ist es bereits Methode bei der strategischen Problemlösung. Wenn Sie beispielsweise unbedingt einen bestimmten Markt „erobern“ wollen, dann werden Sie nach der Situationsbeschreibung eine Reihe von Tools bereitstellen oder entwickeln, um Ihr Ziel zu erreichen. Aus Erfahrung werden Sie wissen, dass das sehr selten reibungslos funktioniert. Zu viele Parameter „konnten Sie nicht kennen“, zu unberechenbar waren die Zielgruppen. Das Problem liegt häufig in der Einseitigkeit dieser Vorgehensweise. Eine, zumindest additive, Umkehrung der Aufgabenstellung hätte sein können: „Was muss geschehen, damit wir in diesem Markt möglichst vollkommen erfolglos bleiben?“ Für einen logischen Hardliner klingt das vielleicht paranoid. In der Praxis zeigt sich jedoch, dass bei einer solchen Form der Aufgabenstellung viele weitere erfolgskritische Aspekte auftauchen, die bei einer konventionellen Problemlösung niemals entdeckt worden wären. Wenn Sie heute ein kostbares Mobiltelefon fast überall geschenkt bekommen, dann ist das aus einer eingeengten Sicht eines Herstellers völlig unsinnig. Dass diese Umkehrung des konventionellen Verkaufsvorganges bestens funktioniert, wird Ihnen jedoch jeder Netzbetreiber bestätigen.

Zugegeben, diese Form der Umkehr erweist sich letztlich als Täuschung, weil Sie Ihr „geschenktes“ Telefon später über die Gesprächsgebühren bezahlen. Der Fall beweist dennoch, dass das Prinzip in der Praxis funktioniert. In einem solchen Buch – und bei Jesus schon gar nicht – können wir uns natürlich nicht mit einer Täuschung zufriedengeben. Meister Eckhart hat einmal gesagt: *„Je mehr du aus allem herausgehst, nicht mehr und nicht weniger, desto mehr geht Er ein mit all dem seinen.*“ Es geht hier also um einen *existenziellen* Deal. Je mehr wir uns auf das Nicht-haben-Müssen einlassen können, desto leichter werden wir alles erreichen. In meinem Unternehmen habe ich deshalb einmal die Devise ausgegeben: „Wenn wir den Auftrag bekommen, ist es gut für uns. Wenn wir ihn nicht bekommen, ist es auch gut für uns, denn vermutlich hätten wir mit ihm nur Ärger.“ Dieser Haltung führte zu einer erheblichen Entspannung bei allen Beteiligten, ohne dass dabei der Biss verloren ging – nach meiner Erfahrung eine sehr gute Erfolgskombination.

Wenn wir nur noch säen, um ernten zu können, dann nehmen wir dem Vorgang des Säens den Eros. Übrig bleibt dann ein entmenschlichter Funktionalismus. Und dieser verdirbt die Welt und verhindert, dass wir ernten, ohne zu säen.

Unser schlimmster Feind ist der Pessimismus.

Tensin Gyatso, der 14. Dalai Lama

30-Sekunden-Übung: Etwas Verbotenes tun

Eine alle Traditionen überdauernde Übung kennen wir aus Kindertagen: das Zunge herausstrecken. Das ist ein vielleicht ziemlich drastisches, allerdings auch sehr wirksames Verfahren der Abgrenzung. Probieren Sie es einfach aus, wenn Ihnen einmal etwas gegen den Strich geht. Sie können es ja zunächst heimlich tun.

Hier eine Liste mit weiteren relativ harmlosen Grenzüberschreitungen, mit denen Sie einüben können, das Gegenteil von dem zu tun, was „man" tut. Ihrer persönlichen Kreativität sind dabei keine Grenzen gesetzt, solange Sie anderen nicht schaden: In der Nase bohren, lauthals Gähnen, im Aufzug jemanden ins Gesicht schauen, dem Pförtner morgens die Hand schütteln, eine E-Mail des Chefs nicht beantworten, um 7:00 Uhr morgens im Büro sein und um 15:00 Uhr zum Tennis gehen, die Kinder mal mit ins Büro nehmen, zu einem Kunden „Nein" sagen, in einer langweiligen Sitzung eine Kurz-Meditation machen, am Abend zu Hause nur Kräutertee trinken.

Natürlich geht es hier nicht nur um alberne Provokationen, sondern um Nonkonformismus-Übungen. Diese brauchen wir, um uns von der stets wachsenden Last der Anpassungsprogramme zu befreien, die sich in Äußerungen zeigen wie: „Das machen wir immer so", „Sie werden sich schon noch daran gewöhnen", „Hier hat alles seine Ordnung".

Im Weisheitssystem des Yoga ist die Übung, bei der alles einmal auf den Kopf gestellt wird, zum Markenzeichen geworden, nämlich der Kopfstand. Wenn Sie Gelegenheit haben, solche Umkehrhaltungen zu lernen, dann können Sie sich gratulieren. Die Umkehr auf der physischen Ebene hat eine enorm fördernde Wirkung auf die mentale Umkehr. Dabei erfahren Sie auch sehr rasch und eindrucksvoll, welche Auswirkungen die Übung hat, wenn sie nur um eines Effektes willen ausgeführt wird: Kopfschmerzen, Muskelkater, Verspannungen, Schmerzen. Wenn Sie sich jedoch „in die Übung versenken", führt dies zu Entspannung, Freude, Power, klarem Kopf.

Vom verlorenen Sohn

Und er sprach: Ein Mensch hatte zwei Söhne. Und der jüngere von ihnen sprach zu dem Vater: Gib mir, Vater, das Erbteil, das mir zusteht. Und er teilte Hab und Gut unter sie. Und nicht lange danach sammelte der jüngere Sohn alles zusammen und zog in ein fernes Land; und dort brachte er sein Erbteil durch mit Prassen. Als er nun all das Seine verbraucht hatte, kam eine große Hungersnot über jenes Land und er fing an zu darben und ging hin und hängte sich an einen Bürger jenes Landes; der schickte ihn auf seinen Acker, die Säue zu hüten. Und er begehrte, seinen Bauch zu füllen mit den Schoten, die die Säue fraßen; und niemand gab sie ihm. Da ging er in sich und sprach: Wie viele Tagelöhner hat mein Vater, die Brot in Fülle haben, und ich verderbe hier im Hunger! Ich will mich aufmachen und zu meinem Vater gehen und zu ihm sagen: Vater, ich habe gesündigt gegen den Himmel und vor dir. Ich bin hinfort nicht mehr wert, dass ich dein Sohn heiße; mache mich zu einem deiner Tagelöhner! Und er machte sich auf und kam zu seinem Vater. Als er aber noch weit entfernt war, sah ihn sein Vater und es jammerte ihn; er lief und fiel ihm um den Hals und küsste ihn. Der Sohn aber sprach zu ihm: Vater, ich habe gesündigt gegen den Himmel und vor dir; ich bin hinfort nicht mehr wert, dass ich dein Sohn heiße. Aber der Vater sprach zu seinen Knechten: Bringt schnell das beste Gewand her und zieht es ihm an und gebt ihm einen Ring an seine Hand und Schuhe an seine Füße und bringt das gemästete Kalb und schlachtet's; lasst uns essen und fröhlich sein! Denn dieser mein Sohn war tot und ist wieder lebendig geworden; er war verloren und ist gefunden worden. Und sie fingen an, fröhlich zu sein.

Lukas (15,11-24)

11

Sind Sie auch ein verlorener Sohn oder eine verlorene Tochter?

Na, dann können Sie sich freuen

Sie sind Anwalt in der ziemlich renommierten Kanzlei Kräuter, Werwolf und Partner. Sie haben es geschafft. Eine perfekte Ausbildung (drei Semester Harvard), ein klarer Verstand und gute Manieren haben Sie in diese Position gebracht. Seit einigen Jahren sind Sie verheiratet, Ihre Frau ist Wirtschaftsprüferin und Leiterin der Revision bei der Xpro AG. Bisher hatten Sie das Gefühl, dass Ihr Leben wie auf Schienen läuft. In letzter Zeit jedoch scheinen Sie weniger Fortune zu haben. In der Kanzlei sind Ihnen zwei bedeutende Fälle misslungen (na ja, kann ja mal vorkommen). Ihre Frau zeigt Tendenzen zur Unzufriedenheit mit Ihnen (sicher ist sie überarbeitet). Seit einiger Zeit schon spüren Sie ein Ziehen in Ihrem linken Arm. Ihr Arzt deutete etwas von „Herzproblemen" an, die noch gründlich untersucht werden müssten (sehr beunruhigend, bloß nicht darüber sprechen). Alles das lastet inzwischen schwer auf Ihnen, auch wenn Sie versuchen, „business as usual" zu spielen. Kein Wunder, dass Sie, wenn Sie mit sich selbst sind, anfangen zu grübeln. Als dann noch einer der Seniorpartner der Kanzlei, Dr. Werwolf, Sie am Rande einer Sitzung anspricht – „Herr Kollege, ist was mit Ihnen? Sie wirken so bedrückt." –, da geraten Sie fast in Panik. Ihr linker Arm meldet sich wieder beunruhigend. Es ist dann schon kaum noch eine Überraschung für Sie, als ihr Arzt nach der großen Untersuchung mit der Diagnose kommt: „Akute koronare Herzkranzverengung." Als Sie dann nach einigen Tagen zur Herzoperation in den OP geschoben werden, geht Ihnen nur ein Gedanke durch den Kopf: „Warum gerade ich, es lief doch alles so gut?"

Da sieht man es mal wieder, die Welt ist ungerecht, die Taugenichtse werden belohnt, die Gutmenschen bestraft. Warum ist das so? Tatsächlich ist es natürlich nicht immer so, sondern nur manchmal. Deshalb können wir zunächst nur feststellen, auf nichts ist wirklich Verlass – vielleicht mit einer Ausnahme: Auf nichts ist wirklich Verlass. Dabei sind wir das ganze Leben damit beschäftigt, Verlässlichkeit herzustellen. Allein schon die blühende Branche der Versicherungswirtschaft beweist, dass uns dies nicht so recht gelingt, und wir uns gegen alles und jedes versichern müssen. Andererseits können wir auch entdecken, dass die Welt und unser Leben nicht völlig frei von Gesetzmäßigkeiten zu sein scheinen. Wer sich ordentlich Mühe gibt, aus dem wird etwas. Wer verschwenderisch ist und unbekümmert, der braucht sich über seinen Misserfolg im Leben nicht zu wundern. Wir alle kennen jedoch auch genügend Beispiele, dass es genau umgekehrt sein kann. Auch in den Business-Geschichten dieses Buches ist das ja so, und die sind sicher nicht ganz unrealistisch.

Von der unzuverlässigen Verlässlichkeit

Die einzige Erkenntnis, die wir bisher erlangt haben, ist, dass unsere Gesetzmäßigkeiten leider auch nur relativ sind. Warum findet der Playboy in der Jesus-Geschichte nach seinem völlig gescheiterten Ausflug ins Leben zurück in ein heimatliches Paradies? Und warum meint es das Schicksal mit unserem strebsamen, wohl situierten Anwalt offensichtlich nicht gut? In der Analyse dieser beiden „Fälle" – und bei ihrem Vergleich mit unserer Lebenserfahrung – müssen wir ernüchternd eingestehen, dass auch eine Umkehrung der von uns erkannten und bisweilen dann scheinbar doch nicht geltenden Gesetzmäßigkeiten nicht wirklich verlässlich ist. Denn manchmal geht es dem Guten ein ganzes Leben lang gut. Und anderen geht es immer nur dreckig, gleich wie sehr sie sich bemühen – oder wie sehr sie es laufen lassen.

Diese seltsame Erfahrung der unzuverlässigen Verlässlichkeit machen wir nicht nur in Bezug auf so etwas Dramatisches wie unser Leben, sondern wir finden sie auch genauso im trivialen Alltag des Wirtschaftslebens. Ein Beispiel: Die Marketingleute haben für eine Produkteinführung wirklich alles bedacht, und die aufwändigste Werbekampagne in der Unternehmensgeschichte wird gestartet. Cleveres Direktmarketing, ein riesiges Mediaspending, eine raffinierte PR-Strategie und ein wirklich innovatives Produkt müssen es einfach schaffen. Wenn Sie der verantwortliche Marketing-Leiter sind, wird Sie der Boss vermutlich fragen: „Glauben Sie, dass wir damit den Durchbruch erzielen?“ Wenn Sie dann antworten: „Klar, das glaube ich ganz sicher“, dann kommt vermutlich die Nachfrage: „Glauben Sie es nur, oder wissen Sie es?“ Wenn Sie ehrlich sind, dann werden sie antworten müssen, dass Sie es nicht wissen. Tatsächlich, so richtig weiß niemand, ob das, was wir anzetteln, zu dem beabsichtigten Ergebnis führt. Es kann sein, dass die Kampagne von Anfang an ein Riesenerfolg wird. Es kann aber auch sein, dass sie erst nach mühevollen, quälenden Jahren durchstartet. Und es kann genauso gut sein, dass sie gleich von Anfang an floppt. Je komplexer die Einflussfaktoren oder die Mitspieler sind, je unberechenbarer das Ergebnis. Eine komplizierte Brücke über eine Meerenge lässt sich mit großer Wahrscheinlichkeit erfolgreich bauen, weil die Parameter gut bekannt und berechenbar sind. Aus genau diesem Grund lässt die Brücke über den Bosporus schon seit Jahren auf sich warten. Zu viele nur schwer berechenbare Faktoren im seismisch gefährdeten Baugrund lassen die Ingenieure zögern. Irgendwann wird man es wagen, aber selbst dann wird die Sicherheit der Brücke nur relativ sein.

Schicksal oder Chance?

Kehren wir zurück zur Betrachtung des Lebens, das nicht nur ungleich komplexer, sondern auch ungleich bedeutsamer für uns ist als jede Brücke. Wir haben gesehen, dass uns bei weitem nicht alles gelingt, auch wenn wir uns noch so sehr bemühen. Andererseits ist es aber auch nicht so, dass alles, was wir tun und lassen, verlässlicherweise im Chaos endet. Es ist mal so und mal so. Und wir haben uns damit abgefunden – zumindest so lange, wie wir einigermaßen gut dabei wegkommen. Erst wenn das Chaos in Form von Krisen und Schicksalsschlägen anklopft, verfallen wir – je nach Naturell – in Depression, Aktionismus oder Larmoyanz. Dabei wissen wir alle, dass keine der drei Reaktionsweisen zu einer guten Lösung führt. Wenn Sie das Strickmuster dieses Buches durchschaut haben (daran kann im vorletzten Kapitel kein Zweifel mehr sein), dann sollten wir gemeinsam in der Jesus-Geschichte nach einer Lösung suchen.

Die Geschichte vom verlorenen Sohn findet ohne Zweifel eine dem weltweit gängigen Lebensmuster eines geordneten, erfolgreichen Lebens diametral entgegengesetzte Wende. Denn der Lüstling und Verschwender wird am Ende nicht etwa bestraft, sondern kann ohne Wenn und Aber, sogar mit einem Fest, in die elterliche Sicherheit zurückkehren. Wie bei allen wichtigen Geschichten im Neuen Testament muss es auch hier um eine grundsätzliche, für alle Menschen gleich bedeutsame Erkenntnis gehen. Handelte es sich bei dieser Geschichte nur um einen interessanten Einzelfall, dann wäre sie eher Unterhaltungsliteratur als Heilsgeschichte. Wenn also das dahinterliegende Muster tatsächlich stimmt, dann hat *jedes* Schicksal ein Happy End. Die allgemeine Lebenserfahrung scheint jedoch gegen diese Einsicht zu sprechen. Zu viele Schicksale enden in unseren Augen dramatisch oder trostlos.

Hier liegt jedoch ein entscheidender Fehlschluss, den wir nur ziehen, weil wir ein bestimmtes Modell verinnerlicht haben, von dem, was wir „erfolgreiches Leben" nennen. Wir sind zu wenig darin geschult, in dem, was uns als Schicksal begegnet, die Chancen zu sehen. Die amerikanische Gesellschaft, die ja aus einer Pionier-Kultur hervorgegangen ist, nutzt dagegen diese Erkenntnis mit ihrem berühmten Pragmatismus. Da werden Schwierigkeiten und Probleme kurzerhand zu Chancen und Herausforderungen umfunktioniert. Dahinter verbirgt sich jedoch letztlich eine tiefer gehende spirituelle Weisheit. Das schöne Wort „Schicksal" macht das deutlich. Es enthält nämlich die Wortteile „schicken" und „salus". Salus kommt aus dem Lateinischen und heißt Heil. Also meint das Wort Schicksal nichts anderes als „zum Heil geschickt". Damit könnten wir dieses Kapitel abschließen, denn wären wir sicher, dass alles, was uns in unserem Leben begegnet, nur zu unserem Heil ist, dann hätten wir unseren Frieden. Allerdings: Sind wir denn wenigstens mit dieser Antwort wirklich auf der sicheren Seite?

Sicherheit erwächst im Inneren

Weil die wenigsten Menschen wirklich sicher sind, dass ihr Leben es letztlich immer gut mit Ihnen meint, haben die Religionen – und insbesondere die christliche – den Glauben ins Spiel gebracht. Glauben heißt ja nichts anderes als etwas als sicher annehmen, von dem wir nicht wissen, ob es wirklich sicher ist. Insofern unterliegt jeder Glaube der Gefahr der Selbsttäuschung oder der Autosuggestion oder dem Wunschdenken. Solange Sie nur *glauben*, dass Ihr Leben Sinn macht, gleich wie es verläuft (!), sind Sie niemals sicher. Wie aber gelangen wir zu der Sicherheit des verlorenen Sohnes, die ihn in der tiefsten Not den Weg „nach Hause" finden ließ? Nicht durch Glauben, sondern durch Wissen kommen wir zu der Ge-Wissheit, dass es so ist. Die Frage unseres geplagten Anwalts auf dem Weg in den OP-Saal zu seiner Herzoperation hätte dann nicht geheißen: „Warum gerade ich?", sondern: „Wohin will ‚es' mich führen?"

Gewissheit erlangen wir nur durch die Erfahrung verlässlicher Ergebnisse. Diese nennt man dann Gesetzmäßigkeit. Da wir, wie jeder sofort in seinem eigenen Leben überprüfen kann, die Sicherheit von Gesetzmäßigkeiten in unserem äußeren Leben niemals erlangen, werden wir sie wohl in unserem Inneren finden müssen – wenn überhaupt. Bei diesem Erfahrungsversuch ist es wieder eine Voraussetzung, dass wir den Größenwahn unseres Ichs, das versucht, uns alle Machbarkeit im Äußeren zu suggerieren, überwinden. Tatsächlich gilt dieses Rezept auch für unseren Business-Alltag. Wann immer wir statt unserem „Ich" besagtes „Es" in den Mittelpunkt rücken, können wir die Erfahrung machen, dass sich hinter allem eine Sicherheit finden lässt, die in der Jesus-Geschichte mit der Geborgenheit des Elternhauses beschrieben wird. Der von uns nur allzu gerne betriebene Versuch, diese Sicherheit im Äußeren zu finden, verhindert jedoch diese Erfahrung.

Das Geheimnis: Dankbarkeit

Die weltweite Verunsicherung, insbesondere natürlich in Amerika aufgrund der Ereignisse am 11. September 2001 in New York, ist nicht etwa so weit reichend wegen der tatsächlichen Opfer und der materiellen Schäden, sondern wegen des traumatischen Schocks einer verlorenen und bis dahin als stabil geltenden Sicherheit. Sie ist damit ein Indiz für unser völlig auf das nach Außen gerichtete Streben nach Sicherheit. Erst in dem Moment, in dem wir uns nicht nur intellektuell mühsam klarmachen müssen, dass jede Stabilität nur scheinbar ist, kann im Inneren daraus Verlässlichkeit entstehen.

Die Folge dieser Umorientierung ist übrigens Dankbarkeit. Auch dies finden Sie mit zunehmender Lebenserfahrung immer wieder bestätigt. „Was bin ich heilfroh, dass die mir damals den Stuhl vor die Tür gesetzt haben. Ohne diesen Tritt wäre ich heute noch ein glückloser Vorstand." Auch Menschen mit einer schweren Erkrankung berichten oft nach Jahren über die heilsame Wirkung eines solchen Schicksalsschlags. Wenn es gelingt, Dankbarkeit zu einem Grundmuster des persönlichen Seins werden zu lassen, ist das, als wäre das Getriebe des Lebens immer gut geölt. Also seien Sie dankbar dafür, dass Sie das hier alles lesen müssen ...

Vertrauen ist eine Oase im Herzen,
die von der Karawane des Denkens
nie erreicht wird.

Khalil Gibran

30-Sekunden-Übung: Aus dem Bauch

Gehen Sie mit Ihrem Bewusstsein zum Bauch, ein wenig unterhalb des Bauchnabels. Können Sie diesen Bereich wahrnehmen? Versuchen Sie ohne besondere Anstrengung, aber mit einer gewissen Konzentration, hineinzuspüren und wahrzunehmen, „was dort los ist". Vielleicht nehmen Sie die Bauchdecke wahr und den Druck der Bekleidung dort, vielleicht spüren Sie sogar im Inneren die Bewegungen des Verdauungstraktes. Gleich, was Sie jetzt wahrnehmen, und sei es überhaupt nichts, versuchen Sie, Ihr Bewusstsein auf einen imaginären Punkt etwa drei bis fünf Zentimeter unterhalb des Bauchnabels und circa fünf Zentimeter „nach innen" zu konzentrieren. Bleiben Sie dort mit Ihrer Aufmerksamkeit für mindestens 30 Sekunden. Bringen Sie dann Ihre Wahrnehmung wieder nach außen, in Ihre Umgebung. Wenn irgend möglich, wiederholen Sie diese Übung mehrmals am Tag, am besten jede Stunde.

Auf der körperlichen Ebene finden wir Sicherheit, Halt und Stabilität in der physischen Mitte. Das ist der Bauch. Besonders wenn wir verunsichert sind, vagabundiert unser Bewusstsein, weil es dann irgendwo Halt sucht. Mit der Konzentration auf diesen imaginären Bauch-Punkt versichern wir uns wieder einer unmittelbar erfahrbaren Stabilität. Im Japanischen heißt Bauch „Hara" (wir kennen diesen Begriff vom „hara-ki-ri"). In Verbindung zu sein mit dem eigenen Hara, heißt, sich an die universelle Kraft des Kosmos anzuschließen. Dahinter steckt die Idee, dass die Dynamik des gesamten Universums auf einer Urkraft beruht, die in Asien Ki oder Chi genannt wird (das finden wir im Begriff Tai Chi wieder). Wenn wir also das Bewusstsein auf den Hara-Punkt bringen, öffnen wir uns damit für die Ki-Kraft. Auf diese Weise verleiht diese Übung, Sie werden das schon nach wenigen Wochen selbst feststellen, ein hohes Maß an Selbstsicherheit, Urvertrauen und Lebenskraft. In einigen Zen-Schulen wird sogar gefordert, die Konzentration auf den Hara-Punkt permanent zu behalten, also auch während des Sprechens, des Essens und des Gehens. Auf diese Weise wird „die Intelligenz des Bauches" gestärkt, die ja gerade jüngst wieder in wissenschaftlichen Untersuchungen belegt wurde. Das Phänomen kennen wir jedoch schon alle aus eigener Erfahrung: mit Entscheidungen, die wir „aus dem Bauch heraus" gefällt haben, liegen wir selten falsch. Der Grund liegt darin, dass dabei nicht nur die Intelligenz des Hirns genutzt wird, sondern auch die der Intuition, die auch solche Aspekte integriert, die dem Tagesbewusstsein nicht zugänglich sind.

Jesus in Gethsemane

Da kam Jesus mit ihnen zu einem Garten, der hieß Gethsemane, und sprach zu den Jüngern: Setzt euch hier, solange ich dorthin gehe und bete. Und er nahm mit sich Petrus und die zwei Söhne des Zebedäus und fing an zu trauern und zu zagen.
Da sprach Jesus zu ihnen: Meine Seele ist betrübt bis an den Tod; bleibt hier und wacht mit mir! Und er ging ein wenig weiter, fiel nieder auf sein Angesicht und betete und sprach: Mein Vater, ist's möglich, so gehe dieser Kelch an mir vorüber; doch nicht wie ich will, sondern wie du willst! Und er kam zu seinen Jüngern und fand sie schlafend und sprach zu Petrus: Könnt ihr denn nicht eine Stunde mit mir wachen? Wachet und betet, dass ihr nicht in Anfechtung fallt! Der Geist ist willig; aber das Fleisch ist schwach. Zum zweiten Mal ging er wieder hin, betete und sprach: Mein Vater, ist's nicht möglich, dass dieser Kelch an mir vorübergehe, ohne dass ich ihn trinke, so geschehe dein Wille! Und er kam und fand sie abermals schlafend, und ihre Augen waren voller Schlaf. Und er ließ sie und ging abermals hin und betete zum dritten Mal und redete dieselben Worte. Dann kam er zu seinen Jüngern und sprach zu ihnen: Ach, wollt ihr weiter schlafen und ruhen? Siehe, die Stunde ist da, dass der Menschensohn in die Hände der Sünder überantwortet wird. Steht auf, lasst uns gehen! Siehe, er ist da, der mich verrät.

(Matthäus 26,36-46)

12

Wenn es ernst wird ...

... meditieren Sie

Sie wussten es schon längst, als sich Ihr Steuerberater zu einem dringenden Termin ansagte. Sie sind pleite. Sie haben es nur nicht wahrhaben wollen. Dabei hat es bestimmt nicht an Ihrem fehlenden Engagement gelegen. Haben Sie doch gearbeitet wie ein Pferd, sich abgerackert bis zum Umfallen. Wie oft haben Sie in den vergangenen zwei Jahren zu sich gesagt, „noch diesen Abschluss, dann schaffen wir es" oder „wenn wir diesen Auftrag bekommen, dann geht's wieder aufwärts". Aber nichts hat geklappt. Auch das frische Geld, das die Banken immer wieder gefordert haben, ließ sich nicht auftreiben. Alle waren plötzlich selbst in finanziellen Engpässen. Jetzt fühlen Sie sich von Gott und der Welt verlassen. Sie entdecken, wie Ihnen verrückte Gedanken durch den Kopf schießen wie einfach abhauen oder mit dem Auto gegen den Brückenpfeiler rasen oder ein Banküberfall. Einfach absurd. Wenn Sie jetzt wenigstens jemanden hätten, dem Sie sich anvertrauen könnten. Aber die Wut und die Scham über das eigene Versagen blockieren Sie. Schließlich bleibt nur noch ein Gedanke: „Ich muss hier raus." Gesagt, getan. Ein Freund von Ihnen hat ein Ferienhaus an der See, dort können Sie hin, ganz allein, für eine ganze Woche. Als Sie dort sind, bricht zunächst einmal die Welt über Ihnen zusammen. Sie fallen in eine tiefe Depression, und zum ersten Mal seit undenkbarer Zeit weinen Sie. Manager weinen doch nicht. Aber erstaunlich, wie gut das tut. Nach einigen Tagen sitzen Sie wieder einmal allein am Strand und starren über das Wasser auf den Horizont. Da taucht in Ihnen allmählich, wie ein fernes Schiff auf dem Meer aus dem Dunst, ein erlösender Gedanke auf ...

Ist es nicht tröstlich zu erfahren, dass selbst Jesus ganz normale menschliche Reaktionen zeigt? Er ist niedergeschlagen, er fürchtet sich und hofft auf Rettung. Eigentlich hätte man erwartet, dass er sich gleichmütig seinem Schicksal hingibt – zumal er das, was später mit ihm passiert, schließlich selbst provoziert hat. Offensichtlich ist auch er nur ein tragischer Held, der die hohen Erwartungen, die an ihn gestellt werden, nicht erfüllen kann. Wäre er sonst so schmählich hingerichtet worden? Kein Wunder, dass seine Freunde schon sehr, sehr enttäuscht waren von ihm. Denn wenn „er" es nicht schafft, sich Leid und Elend vom Halse zu halten, wie sollten *wir* es dann hinbekommen, wir Miniatur-Helden des Alltags? Also doch kein Happy End, wie im vergangenen Kapitel ausgerufen?

Machen, damit sich etwas bewegt

Als nüchterner Mensch können wir uns natürlich fragen, woher denn bloß die Legitimation kommt, überhaupt jemals für irgendetwas ein Happy End zu erwarten. Denn das Leben beginnt schließlich schon mit Leiden. Der Abschied aus der Geborgenheit des Mutterschoßes und das Geborenwerden sind zum Beispiel wenig angenehme Erfahrungen gleich zu Beginn des Lebens. Und es endet wahrscheinlich wieder mit Leiden, denn bekanntlich ist es eher selten, dass Altwerden und Sterben ganz ohne Leid sind. Selbst wenn wir uns dem Alltag zuwenden, scheint hier das gleiche Prinzip zu herrschen. Im Geschäftsleben ist es doch auch eher so, dass die Vorgänge so gut wie nie reibungslos laufen. Das Geringste, was damit verbunden ist, ist Ärger. Bekanntlich führt latenter Ärger zum Leiden, was im alltäglichen Leben Krankheit genannt wird. Statt Glück und Happy End lauert das Leiden an allen Ecken und Enden der Welt.

Für einen anderen bedeutenden Weisheitslehrer, Buddha, ist die Frage, warum das so ist, zum zentralen Thema geworden. Die Antwort, die er nach langem leidvollen Meditieren fand, ist ebenso verblüffend wie einfach: „Leben heißt leiden." Die moderne Physik hat ihm Recht gegeben. Denn Leben ist nichts anderes als eine besondere Form energetischen Drucks. Und dass Druck Gegendruck erzeugt, ist eines der grundlegendsten physikalischen Gesetze.

Das heißt, wir sitzen in der Falle. Was immer wir tun – es erzeugt eine Gegenbewegung. Obwohl wir diese polare Gesetzmäßigkeit alle kennen, versuchen wir uns mit dem Eifer der Lemminge, darüber hinwegzusetzen. Insbesondere als hoch motivierter Unternehmer oder als permanent aktive Führungskraft erzeugen wir in erheblichem Maße Druck, um die Dinge zu bewegen. Dahinter steckt die Erfahrung, dass sich „von selbst" nichts bewegt. Oder anders gesagt, je mehr Energie wir in etwas stecken – gleich ob physische oder psychische! –, umso größer die Wahrscheinlichkeit, dass „sich etwas bewegt". Das Flugzeug ist ein gutes Beispiel auf der technischen Ebene dafür. Ein neuer Airbus A380, der 500 Passagiere von Frankfurt nach Tokio fliegt, benötigt dafür ungefähr 200.000 Liter Kerosin. Alleine um die dadurch entstehenden CO2-Emissionen wieder auszugleichen, müssten rund 11.000 Bäumen gepflanzt werden, die für die Kompensation des Treibstoffausstoßes dann zehn Jahre benötigen.

Um die berufliche Position zu erreichen, die Sie heute innehaben, mussten Sie ebenfalls viel Energie aufwenden: 13 Jahre Schule, sechs Jahre Studium, 10.000 Überstunden – den damit verbundenen Stress als nicht quantifizierbar hinzugebucht. Vielleicht fragen Sie sich schon besorgt, worauf diese Rechnerei hinauslaufen soll. Ganz ohne Einsatz, so das gängige Paradigma, wird es doch wohl nicht gehen. Auch Jesus hat sich engagiert, gekümmert und erheblichen Stress gehabt, wie wir im Bericht von Matthäus erfahren konnten.

Ungewohnt: Dinge sich ergeben lassen

Funktioniert das Leben wirklich nicht, ohne „zu machen“? Ohne Druck? Zunächst einmal können wir festhalten, dass jedes Engagement auch Folgen hat, die wir am Beginn des jeweiligen Prozesses nicht immer absehen können. Unser Pleitier aus der Eingangsgeschichte hatte sich das Unternehmerleben weiß Gott anders vorgestellt. Obwohl er sich so abgerackert hat, so viel persönliche Energie hineingesteckt hat, scheint alles in einem Desaster zu enden. Was hat er falsch gemacht? Auf der formalen Ebene werden ihm der Wirtschaftsprüfer, die Banken und seine Geschäftspartner rasch die gängigen Erklärungen liefern können: zu wenig Eigenkapital, zu geringer Marketing-Druck, zu wenig Innovationen und so weiter. Jeder, der schon einmal gescheitert ist, und wer kennt diese Erfahrung nicht, weiß, dass einem solche Analysen in der tiefsten Krise nichts nutzen. Denn diese Schlauheiten hätten Sie natürlich gern umgesetzt, wenn es sich denn ergeben hätte. Es hat sich aber – leider, leider – nicht ergeben.

Es hat sich nicht ergeben, weil uns ein zentraler strategischer Schlüssel fehlt. Wir sind es nämlich nicht gewohnt, Dinge sich ergeben zu lassen. Dabei ist diese – zugegebenermaßen im Wirtschaftsleben nicht sehr weit verbreitete – Reaktionsweise mindestens so erfolgreich, wie das konventionelle Vorgehen mittels Druck. Keine Frage: ohne Druck kein Leben, kein Fortschritt. Wie Sie gesehen haben, hat diese „Mechanik“ jedoch ihren Preis. Daneben beobachten wir jedoch ein weiteres Phänomen in unserem Leben, ja sogar im Universum. Ein Phänomen, dem die Idee „Gott“ seine Existenz verdankt. Denn nicht selten geschehen doch Dinge wie von selbst, auch ohne dass jemand etwas forciert. Es ergibt sich. Wir nennen das dann Zufall oder Fügung oder Glück. Sicher kennen Sie auch solche Menschen, oder vielleicht gehören Sie selbst dazu, denen einfach alles zu gelingen scheint, ohne dass sie sich besonders bemühen. Es fällt ihnen einfach zu. Natürlich gibt es auch hier wieder die andere Seite, die Unglücksraben, die machen können, was sie wollen: Es geht schief. (Vielleicht erinnern Sie sich an das siebte Kapitel?) Wenn Sie jetzt achselzuckend sagen: „So ist das eben", weil Sie zufällig in diesem Leben auf der „Winner-Seite" sind, dann lesen Sie nicht weiter. Wenn Sie sich jedoch nicht mit der Beliebigkeit eines Zufalls zufriedengeben können, dann werden Sie nachdrücklich versuchen, eine Lösung dieser groben Ungereimtheiten des Lebens zu finden.

Können Sie das Leben zulassen?

In der Jesus-Geschichte dieses Kapitels ist der Meister eindeutig am Ende, er ist zum „Loser" geworden. Wie geht er damit um? Ganz offenkundig ist es auch für Jesus keine einfache Übung, dem Tod ins Angesicht zu blicken. Seine Reaktion ist jedoch ungewöhnlich, denn er kämpft nicht und läuft nicht weg. Stattdessen sagt er: „Nicht wie ich will, sondern wie du willst." Das ist der Schlüsselsatz, den wir aus dem geschichtlich-theologischen Kontext befreien müssen, um seine grundsätzliche Bedeutung und seinen Nutzen für uns heute und für das tägliche Leben erkennen zu können. „Nicht wie *Ich* will, sondern wie *Es* will", heißt dann die Formel. Unser alltäglicher Macher-Modus ist geprägt von der Dominanz des Ichs. Das führt zu erstaunlichen Ergebnissen, wie wir am Fortschritt der Welt auf allen Ebenen unseres Engagements leicht erkennen können: in der Technik, in der Medizin, in der Kunst, im Konsum, in der Kommunikation. Vor lauter Begeisterung über die sensationellen Erfolge des Egos in der Welt ist das Nicht-Ich, das Nicht-Machen, das Zulassen im wahrsten Sinne des Wortes unter die Räder gekommen. Wie sind es nicht mehr gewohnt, irgendetwas einfach nur hinzunehmen. Unser Grundmuster heißt, auf alles mit Aktivität zu reagieren. Das gilt vor allem für das Leid, speziell unser eigenes. Wir haben nicht mehr die Fähigkeit, etwas auszuhalten. In der westlichen

Zivilisation gehören Schmerztabletten schon fast wie Nahrungsmittel zum täglichen Leben dazu. Der Verlust des Zulassen-Modus wird jedoch im Alltag oft überhaupt nicht als solcher wahrgenommen, weil der Reaktions-Modus als der einzig normale empfunden wird. Infolgedessen wird er schließlich als die einzige Methode wahrgenommen, mit der man in dieser Welt erfolgreich operieren kann. Ist das wirklich so? Und wenn ja, ist die Mehrheit der Beteiligten damit vielleicht sogar glücklich?

Die Natürlichkeit der Hingabe und des Wohlwollens

Fast alle tiefer gehenden Untersuchungen über die Zufriedenheit im Berufsleben zeigen, dass es mit dem Glück am Arbeitsplatz nicht weit her ist. Die Liste der Klagen über zunehmenden Erfolgsdruck, mehr Mobbing, wachsende Arbeitsplatzrisiken und den Verlust der Solidarität ist beachtlich. Im Sinne dieses Kapitels könnte man meinen, die Essenz bestünde darin, auch diese Entwicklung „einfach hinzunehmen“. Tatsächlich reagieren die Wenigsten so. Sie bleiben unverdrossen im System und versuchen durch mehr Druck, mehr Speed, mehr Anstrengung die Mängel zu überwinden – sie versuchen also, den Teufel mit dem Beelzebub auszutreiben. Die einzig wirksame Alternative heißt jedoch „loslassen“. Sie ist für viele so erschreckend, dass sie diese noch nicht einmal als Möglichkeit in die engere Wahl ziehen wollen. Dabei ist loslassen eine geradezu wunderbare Möglichkeit, aus dem oben beschriebenen Teufelskreis auszusteigen – auch wenn das Ego sofort eine Armada von guten Gegengründen erfindet.

Wir alle kennen jedoch Beispiele, bei denen das Tun und das Loslassen eine wundersame Symbiose eingehen. Gehen wir dazu zunächst einmal zurück in die „gute alte Zeit“. Vielleicht kennen Sie noch Handwerker aus dieser Zeit, beispielsweise einen Uhrmacher oder einen Schuster. Im Idealfall haben diese in einer

Verbindung aus Konzentration und Entspannung gearbeitet. Da gab es keine Trennung zwischen dem Werk und dem Meister. Offenkundig liebten diese Menschen ihre Arbeit – bar jeder Versessenheit. Mit diesem Beispiel soll nicht etwa die Vergangenheit verklärt werden. Es ist nur schwer geworden, heute Beispiele von Menschen zu finden, die ganz in ihrer Tätigkeit aufgehen. Wir meinen vielleicht, das läge daran, dass niemand mehr Zeit hat, in die Tiefe zu gehen. Damit würden wir jedoch das Symptom als Begründung gelten lassen. Denn dass wir keine Zeit mehr haben, liegt nicht etwa an den äußeren Gegebenheiten, sondern an unserem inneren Programm, das auf „Wenn-dann" fixiert ist. Wir sind nicht mehr verbunden mit dem, was jetzt ist. Mit dem Kopf sind wir immer schon in der Zukunft. Dabei ist es allein die Liebe, die in der Lage ist, Vergangenheit und Zukunft, Loslassen und Handeln miteinander zu verbinden. Wenn wir das, was wir tun, nicht nur gern tun, sondern sogar „lieb haben", dann vermeiden wir die vielfältigen negativen Folgen der Aktivität. Arbeit in dieser Form bekommt eine Natürlichkeit, eine Eleganz und eine Kreativität, wie sie im Normal-Modus der heutigen Arbeitswelt abhandengekommen zu sein scheint.

Es bleibt die Frage, ob diese Form des liebevollen Tätigseins in der Realität eine Chance hat, oder ob es nur ein Märchen aus der Welt der neunmalklugen Berater ist. Diese Frage lässt sich am einfachsten durch ihre Umkehr beantworten: Was wird wohl passieren, wenn das Berufsleben endgültig „befreit" ist von liebevoller Hingabe und Wohlwollen? Es kommt jedoch nicht darauf an, dass Sie nunmehr als Weltverbesserer Ihre Kolleginnen und Kollegen nerven, wie wichtig und heilsam ein liebevolles Miteinander sei. Wenn Sie sich selbst etwas Gutes tun wollen, dann versuchen Sie einmal, jeden Job möglichst egofrei und stattdessen mit Hingabe an die Sache auszufüllen. Und selbst wenn Sie dabei scheitern, können Sie jetzt nach dieser Lektion ganz entspannt auf Ihre Auferstehung warten.

Ob das wohl der erlösende Gedanke war, den unser Pleitier in der Business-Geschichte hatte?

Die innere Vollkommenheit einer Sache
hat eine natürliche Beziehung auf Schönheit.

Kant

30-Sekunden-Übung: Einatmen – Ausatmen

Das ist wohl die einfachste Übung. Sie nehmen Ihren Atem wahr, sonst nichts. Am besten setzten Sie sich dazu aufrecht auf Ihren Schreibtischstuhl. Spüren Sie, wie der Atem durch die Nase einströmt, durch den Rachen in die Luftröhre fließt – an den Bronchien sich verzweigt, um schließlich die Lungenflügel rechts und links aufzuwölben.

Genauso folgen Sie dem Atem, wie er wieder hinausfließt – bis Sie ihn an den Nasenöffnungen wieder abgeben. Beobachten Sie einfach nur diesen Vorgang, das Einströmen und das Ausströmen. Versuchen Sie nicht, den Atemvorgang zu beeinflussen. Bleiben Sie einfach in der Beobachterrolle. Schließen Sie die Übung ab, indem Sie einmal tief ein- und ausatmen. Lassen Sie beim Ausatmen Ihre Schultern ein wenig fallen.

Der Atem ist auf der körperlichen Ebene die Metapher für das, worum es in diesem Kapitel geht. Hier erfahren wir auf ganz natürliche Weise die existenzielle Bedeutung des Wechsels von Aktivität und Passivität – von Annehmen und Abgeben. Mit dem Atem lernen wir, dass es niemals um entweder/oder geht. Mit dem permanenten Handeln, Tun, Schaffen erzeugen wir eine Einseitigkeit, die uns irgendwann „den Atem raubt". Deshalb brauchen wir den Ausgleich. Wer immer nur ausatmet, das heißt aktiv ist, kommt außer Atem. Wer nie genug bekommt, immer nur haben will, dem stockt der Atem. Auf diese Weise wird unser Atem zu einem leicht ablesbaren Instrument des jeweiligen Modus, in dem wir uns gerade befinden.

Am Ende

Das Schlusswort ist dir gewidmet, lieber Heinrich. Ich schreibe es an dem Tag, an dem dein Leichnam auf der „Insel Hombroich" beerdigt wird. Du warst ein Unternehmer und Mensch, der vieles von dem, was ich versucht habe zu beschreiben, von Natur aus „draufhatte". Vermutlich würdest du, wenn du das jetzt hören könntest, dein berühmtes leises Lächeln zeigen und brummeln: „Ach, Jung´, lass doch den Quatsch, ist doch alles Theorie."

In einem Gespräch mit Thomas Kling[1] hast du vor einigen Jahren das Leben mit den vier Jahreszeiten verglichen:

> *„Jede Jahreszeit währte 20 Jahre, und wenn man zurückschaute, dann wusste man plötzlich, dass man die ersten 20 Jahre wie im Frühling lebte, das heißt, der Körper hatte sich sprießend entwickelt. Es war aber eigentlich eine Ammenzeit, in der man an der Brust der Welt saugte, also alles, was man kriegen konnte, Eltern oder Lehrer oder was ein Kind so sucht, war irgendwie ein ‚Füttern', ohne dass man selbst integriert war, man war noch nicht aktiv. Und in dem Moment, indem man in die Sommerzeit hineinkommt, also in die ... vitale Zeit im Leben, da spürte man plötzlich, dass durch diese Vitalität auch das, was man wollte, machbar erschien. Man spürte, dass man eigennützig sein konnte und Eigennutz auch Erfolge brachte. Das funktionierte. Ich spürte, wenn man als Unternehmer oder überhaupt als Mensch, der was unternimmt, mit der großen Vitalität, die man im Sommer nun mal hat ... ist das die Zeit zum*

[1] Thomas Kling – Karl-Heinrich Müller in Energien/Synergien 3, Kunststiftung NRW, Verlag DuMont, 2002

> *Schmieden. ... Und wenn man jungen Menschen etwas empfehlen kann, dann muss man ihnen sagen: In der Zeit müsst ihr wie verrückt eure Sachen machen, egal was es für eine Sache ist!*"

In zweifacher Hinsicht ergibt sich damit ein trefflicher Abschluss dieses Buches. Einerseits war Karl-Heinrich Müller jemand, der als Unternehmer und Manager erfolgreich war, und gleichzeitig war er ein weiser Mann (und ist es trotz Beruf und Erfolg geblieben). Eine Kombination, die wahrlich selten genug ist. Sein Hinweis auf die unterschiedlichen Qualitäten und Anforderungen der vier Lebens-Jahreszeiten ist auch für den Inhalt dieses Buches von großer Bedeutung.

In Gesprächen und Diskussionen nach meinen Vorträgen wird mir oft gesagt, ich hätte „gut reden", schließlich hätte ich meine operative Management-Zeit hinter mir und könnte mich über die Sachzwänge des geschäftlichen Alltags leicht hinwegsetzen. Ja, das ist so. Das ändert jedoch nichts an der Relevanz meiner Erkenntnisse. In der Tat, es hat jedoch etwas mit den Lebensphasen zu tun. Als ich 30 Jahre alt war und als Geschäftsführer ein kleines und ambitioniertes Unternehmen managte, da dachte ich auch nicht an Loslassen und Innehalten. Konsequenterweise bin ich später immer wieder in reinigende Krisen geraten. Da habe ich dann Buddha und Jesus (wieder)entdeckt und dazu Menschen, die in einer Lebensphase waren, in der sie für mich sehr hilfreich sein konnten. Das ist wie bei einer Bergwanderung, die kann ich auch alleine unternehmen und dabei aus Fehlern lernen – oder sogar an ihnen zugrunde gehen. Mit einem erfahrenen Bergführer wird jedoch der Aufstieg vermutlich ungleich entspannter, bereichernder und letztlich auch erfolgreicher sein. Karl-Heinrich Müller war so einer für mich.

Deshalb steht am Schluss ein großes Dankeschön an all die vielen Bergführer und Bergführerinnen, die mir – oft ohne dass sie es selbst wussten – geholfen haben. Und Dankbarkeit soll auch die letzte Übung in diesem Buch sein. Die dauert allerdings keine 30 Sekunden. Nehmen Sie sich dafür etwas mehr Zeit, am besten komplett Ihre beiden letzten Lebens-Jahreszeiten.

Was da ist, war längst,
und was sein wird,
ist längst gewesen.

König Salomon,
Buch Prediger, Kap. 3

Literatur

Wenn Sie unbedingt noch mehr erfahren wollen, dann finden Sie hier einige Empfehlungen.

Appiah, Kwame Anthony: Der Kosmopolit. Philosophie des Weltbürgertums, München 2007

Die Bibel. Die gute Nachricht (Bibelübersetzung in zeitgemäßem Deutsch), Köln 2004

Doyle III, Bruce I.: Pass auf was du denkst, Bielefeld 2003

Egli, René :Das Lola-Prinzip oder die Vollkommenheit der Welt, Oetwil a. d. L. 1999

Enomiya-Lassalle, Hugo M.: Zen-Unterweisung, München 1987

Fromm, Erich: Haben oder Sein. Die seelischen Grundlagen einer neuen Gesellschaft, München 2004

Gigerenzer, Gerd: Bauchentscheidungen. Die Intelligenz des Unbewussten und die Macht der Intuition, München 2007

Golas, Thaddeus: Der Erleuchtung ist es egal, wie du sie erlangst, München 2003

Jäger, Willigis: Westöstliche Weisheit. Visionen einer integralen Spiritualität, Stuttgart 2007

Johnson, Spencer: Die Mäuse-Strategie für Manager, München 2007

Krishnamurti, Jiddu: Der Flug des Adlers, Frankfurt 2001

Laotse / Zensho W. Kopp: Tao Te King. Das heilige Buch vom Tao, Darmstadt 2005

Lentz, Brigitta: Sehnsucht nach Sinn, Identity Edition, Düsseldorf 2007

Meckel, Miriam: Das Glück der Unerreichbarkeit, Hamburg 2007

Mettler-von Meibom, Barbara: Wertschätzung. Wege zum Frieden mit der inneren und äußeren Natur, München 2006

Nenning, Günther: Buddha, Jesus und der Rest der Welt, München 2002

Reverend Radha: Der Zen-Weg des effektiven Managers, Berlin 1992

Schelp, Hasso: Meister Eckhart. Wo Gott keinen Namen hat, München 2001

Smullyan, Raymond: Das TAO ist Stille, Frankfurt 2002

Tugendhat, Ernst: Menschsein und Mystik, Identity Edition, Düsseldorf 2007

Quarch, Christoph: Eros und Harmonie. Eine Philosophie der Glückseligkeit, Freiburg 2006

Quint, Josef: Meister Eckhart, Deutsche Predigten und Traktate, Hamburg 2007

Watzlawick, Paul: Wie wirklich ist die Wirklichkeit?, München 2005

Wielens, Hans (Hrsg.): Führen und Meditieren, Aufbruch in ein neues Bewusstsein, Frankfurt 2003

Wilber, Ken: Naturwissenschaft und Religion. Die Versöhnung von Wissen und Weisheit, Frankfurt 1998

Über den Autor

Das Wirtschaftsmagazin *CAPITAL* würdigte ihn als „Doyen der deutschen PR-Szene“, die *Süddeutsche Zeitung* bezeichnete ihn als „zurückhaltenden Primus“. Paul J. Kohtes (geb. 1945) ist beides. Gegensätze zu verbinden, ist für ihn ein Lebensthema. Schon als er vor über 30 Jahren in Düsseldorf eine Beratungsgesellschaft für Öffentlichkeitsarbeit gründete, zierte das Logo des Unternehmens eine Brücke, die Verbindungen schaffen sollte. Paul J. Kohtes gilt als einer der führenden Berater für Unternehmenskommunikation in Deutschland. 2006 wurde er als erster Deutscher in die „Hall of Fame“ des Internationalen PR-Agenturen-Verbandes aufgenommen. Auf der Suche nach innerem Gleichgewicht entdeckte er vor 30 Jahren die Zen-Meditation für sich. Der Welt der Wirtschaft wollte er dabei nie den Rücken kehren, sondern immer das Weltliche mit dem Spirituellen vereinen. Paul J. Kohtes leitet Seminare in Zen-Meditation und hat sich spezialisiert auf das Coachen von Führungskräften. 1998 gründete er gemeinsam mit seiner Frau Margret Kohtes die Identity Foundation, eine gemeinnützige Stiftung, die das Thema Identität wissenschaftlich erforscht.

www.identityfoundation.de

Zen-Kurse mit Paul J. Kohtes

Zen-Sesshins im Benediktshof, Münster:
www.benediktshof.de

Zen für Führungskräfte im Benediktushof, Holzkirchen:
www.benediktushof-holzkirchen.de